KB113489

매일10분 철학수업

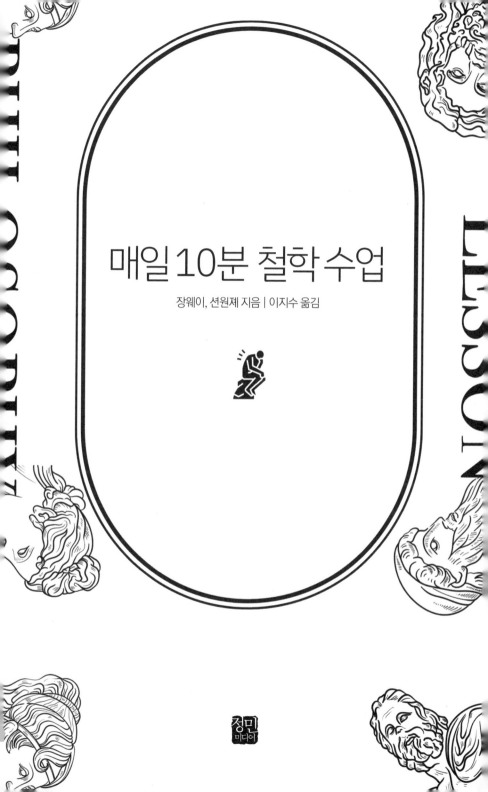

매일 10분 철학 수업

장웨이, 션원졔 지음 | 이지수 옮김

정민
미디어

1

1998년 여름, 늘 꿈꾸던 푸단대학교 문과 기초반에 입학했다. 문과 기초반은 기초 학문 분야의 인재 양성을 위해 국가에서 모든 비용을 부담하여 운영하는 전공 과정인데, 문학·역사·철학 세 분야의 교수님들이 소그룹으로 수업을 진행했다.

평소 동경해온 학교에 입학한 데다가 어려서부터 문과 과목을 특히 좋아한 나였기에, 이 전공 과정을 밟으면서 나는 그야말로 '물 만난 물고기'가 되었다.

그런데 마냥 기뻐하기에는 살짝 마음에 걸리는 게 있었다. 문학이야 원래 좋아하던 것이었고, 역사에 대한 흥미 역시 그 누구에게 뒤처지지 않을 거였다. 그러나 단 하나, 철학이라는 것은 잘 알지 못할뿐더러 솔직히 관심 자체가 없었다. 당시에는 도대체 왜 철학을 공부해야 하는지 이해할 수 없었다.

2

첫 학기 철학 과목은 〈철학 개론〉이었다. 푸단대학교 철학과의 명망 높은 왕더펑(王德峰) 교수님이 강의를 맡았다. 교수님의 강의는 교내에서 워낙 유명했기에 다른 과의 많은 학생이 청강했다. 그래서 웬만큼 서두르지 않고서는 강의실의 좋은 자리를 차지하기란 어려웠다.

그런 열기에도 나는 여전히 철학에 아무런 흥미를 느끼지 못했고, 학기 내내 강의를 밥 먹듯 빼먹었다. 아마 한 학기 동안 이 강의에 출석한 횟수는 다섯 번이 채 안 되었을 것이다. 그런데 놀랍게도 나는 〈철학 개론〉 기말고사에서 단 몇 명만 받을 수 있다는 'A'를 받았다. 그 일은 지금 생각해도 참 부끄럽고 송구할 따름이다. 사실 내가 좋은 성적을 낸 이유는 단순했다. 시험 보기 일주일 전, 필기를 아주 열심히 한 선배의 노트를 빌려 똑같이 베끼고 통째로 외워버렸기 때문이다.

그러나 어쨌든 그 덕분에 철학이라는 것을 아주 조금 이해할 수 있었고, 처음으로 여러 호기심을 품을 수 있었다.

'철학은 어떻게 생겨난 것일까?', '철학의 역할은 무엇일까?', '지식과 지혜의 차이는 무엇일까?', '사람은 어떤 존재일까?', '사람은 자신의 존재를 어떻게 인식할까?', '인생의 의미는 무엇일까?' 등등…….

학기가 끝나고 시험 또한 무사히 마친 뒤였지만, 나는 자발적으로 왕더펑 교수님의 저서 《철학 입문》을 사 탐독했다.

3

철학에 본격적으로 빠지기 시작한 것은 대학교 2학년 때 수강한 〈서양 철학사〉 덕분이었다. 〈서양 철학사〉는 마흔이 채 안 된 젊은 철학가 왕탕자(汪堂家) 교수님이 강의했는데, 두 학기로 편성된 이 강의가 진행되는 동안 나는 단 한 번도 결석하지 않았다.

내가 흥미를 잃지 않고 끝까지 수강할 수 있었던 이유는 크게 두 가지다. 첫째로 역사를 통해 철학을 설명하는 방식 덕분에 맥락을 분명히 이해할 수 있었고, 둘째로 '고대 그리스 철학'에서부터 시작하여 점차 깊이 있는 내용들을 체계적으로 배울 수 있었기 때문이다.

고대 그리스 철학은 서양 철학사의 뿌리라고 할 수 있다. 이 시기의 철학은 현대 과학과 현대 철학 발전의 밑바탕이 될뿐더러 이후로도 내내 깊은 영향을 미쳤다. 그렇기에 고대 그리스 철학은 철학을 공부하거나 연구할 때 절대 빼놓을 수 없는 핵심 부분이다.

무엇보다 중요한 점은 고대 그리스 시대, 특히 전기와 중기에 저마다 독특한 개성을 가진 철학가가 대거 등장했다는 것이다.

그들은 간결하면서도 깊이 있는 생각과 관점으로 수많은 사람을 철학의 전당으로 이끌었다. 나 역시 철학을 공부하면서 탈레스, 피타고라스, 데모크리토스, 소크라테스, 플라톤, 아리스토텔레스 등 어렴풋이 알던 유명 철학가들을 조금 더 명확히 이해할 수 있었다.

이렇듯 고대 그리스 철학의 이해는 서양 사상 및 서양 역사의 이해로 나아가는 첫걸음임에 틀림없다.

4

대학 졸업 후 한창 직장생활을 하던 어느 날이었다. 대학 동창회 자리에서 친구들과 그 시절에 들은 강의와 읽은 책들을 떠올리다가 모두 약속이라도 한 듯 생각을 한데 모았다. 그 생각이란 사람들에게 문학, 역사, 철학을 좀 더 쉬이 접할 수 있게 해주면 어떻겠냐는 것이었다. 이를 실천할 방법으로 의견을 모은 것이 일반인들을 대상으로 '논어 수업(논어의 경우 이미 동영상 자료와 교재 등이 많이 나와 있다)'이나 '철학 계몽 수업'을 해보자는 것이었다.

실상 대개의 일반인에게 철학이란 아주 멀고도 생소한 개념이다. 이러한 철학을 어떻게 계몽, 즉 깨닫게 해줄 수 있을까? 그리고 서양 철학을 이해시키려면 과연 어디에서부터 시작하는 것이 좋을까?

나는 이 질문에 곧바로 '고대 그리스 철학'을 떠올렸다. 일반인들에게 서양 철학을 이해시키는 데 고대 그리스 철학만큼 적합한 것은 없다. 우리가 살면서 궁금해하고 고민하는 문제들이 실은 2000년 전 고대 그리스의 현자들이 밤낮으로 고민하던 문제들과 일맥상통하기 때문이다.

'세상의 근원은 무엇일까? 물? 불? 공기? 아니면 원자?'

'일식은 왜 생길까? 천둥 번개는 왜 칠까? 유성은 왜 떨어질까? 달에는 사람이 살고 있을까?'

'올림포스산의 신들은 어떤 모습일까? 정말 그들이 인간을 지배하는 걸까?'

'사람은 어떻게 물체를 볼 수 있을까? 또 어떻게 꽃 냄새를 맡고 음식 맛을 느낄 수 있는 걸까?'

'어째서 아킬레스는 거북을 따라잡을 수 없는 걸까?'

'세상에 변화라는 것은 정말 존재하는 걸까?'

현대 과학을 어느 정도 학습한 지식인이라면 이러한 질문이 다소 유치하게 느껴질 수도 있을 것이다. 그럼에도 이 모든 것은 어디까지나 우리 선조들이 집요하게 탐구한 끝에 이뤄낸 결과 덕분 아닌가. 그들은 아주 오랜 세월 동안 뭐 하나 없는 백지상태에서 지식을 생산해내고 온갖 상상력을 발휘하며 세심하게 연구한 끝에 세상의 원리들을 밝혀냈다. 그들이 그토록 끊임없이 연구하고 실험하며 탐구할 수 있게 만들어준 동력은 세상 만물의 근원과 원리를 알고 싶어 하는 호기심이었다.

5

독일의 철학가 헤겔은 말했다.

"철학이란 곧 철학의 역사다."

이 책은 사실 '고대 그리스 철학사'를 다룬 것으로, 고대 그리스 초기 시대의 탈레스부터 헬레니즘 시대의 제논까지 고대 그리스 철학가 15명을 15가지 이야기로 소개한다.

이 책을 통해 독자 여러분이 고대 그리스 철학의 큰 틀을 조금이나마 이해할 수 있길 바란다. 철학가들의 이야기를 따라가다 보면 그들이 활동한 당대의 시대적 배경은 물론 그들의 생각과 관점이 어떻게 변화했는지, 세상에 대한 호기심을 어떻게 드러내고 풀어갔는지 알 수 있다. 일면 유치해 보이기도 하고 확연히 잘못된 추론과 추측도 있다. 하지만 이러한 것들 자체가 더 많은 원리를 이해하도록 돕고 이 세상에 대한 갖가지 호기심을 불러일으킨다.

결국 철학은 '이 세상을 어떻게 바라봐야 할까?'를 생각하게 만드는 것이다. 이런 점에서 철학가들의 역할이 가설을 제기하는 것이라면, 과학자들의 역할은 실험을 통해 그 가설을 증명하는 것이다.

이야기를 재미있게 전달하는 일에는 자신 있는 나이지만, 앞서 드러냈듯 분명 철학은 내 주요 전공 분야가 아니다. 그래서 이 책은 대학 동창인 션원졔(沈文婕)의 도움을 받아 집필했다.

션원졔는 대학을 졸업할 때 프랑스의 작가이자 철학가인 알베르 카뮈에 관한 논문을 썼고, 그 이후 푸단대학교에서 철학 석사 학위를 받았다. 현재 그녀는 명문으로 알려진 상하이교통대학 부속중학교의 문학 선생님으로 재직 중인데, 상하이시에서 우수 교사로 손꼽히는 인재이다.

그 외에도《아이들을 위한 논어 수업》의 공저자이자 또 다른 대학 동창인 리훙윈(李宏昀)이 고문을 맡아 원고를 함께 검토해줬다. 리훙윈은 푸단대학교에서 철학 박사 학위를 받은 인재이다.

남녀노소 누구나 읽는 철학책을 목표로 한 만큼, 모두가 좋아할 만한 삽화 74개를 직접 그려 넣는 것도 잊지 않았다. 그리고 매 장이 끝날 때마다 그 장의 핵심 내용을 담은 '인물 키포인트'와 '지식 키포인트'도 덧붙였다. 이 또한 이 책을 쉽게 이해하면서 재미있게 읽는 데 도움 될 것이다.

6

'경험은 어떻게 쌓이는 걸까?'

'인생의 의미는 무엇일까?'

'행복은 어떻게 얻는 것일까?'

'즐거움은 어디에서 오는 걸까?'

이러한 물음들은 너나없이 계속 따져봐야 할 인생 문제이다. 살면서 이러한 문제들을 접하고 생각해보는 것은 아주 의미 있는 일이다.

이 책을 통해 독자 여러분이 철학의 전당으로 향하는 문을 열고 그 안에서 철학의 매력에 빠지길 바란다. 그리하여 마음속에 생각의 씨앗을 심고, 뿌리를 내리고, 줄기를 뻗어 올리고, 열매를 맺어 세상을 좀 더 적극적으로, 좀 더 지혜롭게 살아가길 희망한다.

이 책이 여러분의 좋은 친구가 되기를 바라며……

상하이에서

Contents

10MINU
A DAY
PHILOSO
LESSON

ES

HY 매일 10분
철학 수업

01
탈레스
• 고대 그리스 철학의 기원 •

먼저 '철학'의 기원에 관하여 이야기해보자. 더 정확히 말하면 '서양 철학'의 기원이라고 하는 게 맞겠다. 일반적으로 서양 철학은 고대 그리스에서 시작되었다고 알려져 있다. 철학을 뜻하는 영단어 'philosophy' 역시 고대 그리스어에서 유래한 것인데, 사랑을 뜻하는 'philo'와 지혜를 뜻하는 'sophy'가 결합한 합성어이다. 'philosophy'의 어원을 따져볼 때, 결국 철학이란 '지혜를 사랑한다'는 뜻임을 쉽게 알 수 있다.

이를 통해 유추해본다면 철학가란 어떤 사람일까? 말 그대로 '지혜를 사랑하는 사람, 즉 생각하기를 좋아하고 진리를 추구하는 사람'이다.

이제 '그리스'라는 나라에 대해 살펴보자. 지구본 또는 세계지도를 펼쳐놓고 그리스를 찾아보면, 유럽 대륙 가운데서도 지중해가 펼쳐진 반도 위에 위치한 것을 볼 수 있다. 그리스는 산이 많아서 농업이 발달하지 못했다. 하지만 산간지대 사이의 산골짜기는 땅이 비옥했기 때문에 주로 이런 곳에 사람들이 모여 살기 시작했다. 이러한 지역은 대부분 바다로 둘러싸인 고립된 도시였다.

'산에 있으면 산에 의지해 살고, 바다에 있으면 바다에 의지해 산다.'

이 말처럼 고대 그리스인들은 바다로 나아갔고, 바다 위에 있는 작은 섬들을 개척하기 시작했다. 이러한 생존 환경 덕분에 고대 그리스인들은 탐구와 생각하기를 즐기게 되었다.

그럼 한번 생각해보자. 바다로 자주 나가야 하는 그리스인들이 가장 필요로 한 지식은 무엇이었을까? 그렇다. 바로 천문, 기상, 해류 관련 지식이었다. 이는 항해와 밀접한 연관이 있을 뿐 아니라 안전과도 직결되기 때문이다. 그리스인들은 2500년 전부터 이미 이러한 지식을 탐구하기 시작했다.

상상해보라. 어둠이 짙게 내리깔린 망망대해에서 무수히 많은 별과 끝없이 펼쳐진 은하를 가만히 바라보고 있노라면 사색의 욕구와 호기심이 절로 일지 않을까.

세상에 대한 호기심, 이것이 바로 '철학'을 싹 틔운 씨앗인 셈이다.

하지만 사람들이 매일 사색과 호기심에만 빠져 있었다면 철학이라는 씨앗은 제대로 싹을 틔우지도 못하고 사라졌을 것이다. 어쨌든 고대에도 밥을 배불리 먹고 하루하루 살아가는 일이 무엇보다 중요했을 테니까.

'곳간이 가득 차야 예절을 알고, 생활이 풍족해야 영욕을 안다'는 옛말이 있다. 이는 먹을 것과 입을 것이 풍족해야 비로소 예의와 영예와 치욕에 신경 쓴다는 말이다. 다시 말해 의식주 문제가 먼저 해결되어야만 생각하고 사색할 시간이 생긴다는 뜻이다.

동양이든 서양이든 이러한 이치는 상통한다. 고대 그리스의 도시에서도 생계 걱정을 하지 않아도 되는 사람들만이 삶을 관찰하고, 여행을 다니고, 어떤 문제를 가만히 생각해볼 여유가 있었다. 그들은 과연 누구였을까? 바로 귀족과 상인들이다. 최초의 철학가도 이러한 사람들 중에서 탄생했다.

자, 그럼 이 책의 첫 번째 주인공 탈레스를 등장시켜보자. 탈레스는 일반적으로 서양 철학사에서 가장 먼저 등장하는 인물이다. 왜 그럴까? 그 이유는 탈레스야말로 모든 이가 인정하는 고대 그리스 최초의 철학가이기 때문이다.

탈레스는 고대 그리스의 항구 도시 밀레투스에서 태어났다. 밀레투스는 교통이 굉장히 편리한 곳이었다. 그 덕분에 탈레스는 바빌론으로 가 천문학을 배우기도, 이집트로 가 수학을 배우기도 했다. 탈레스가 이렇게 하고 싶은 일을 마음껏 할 수 있었던 까닭은 돈과 시간이 많은 귀족이었기 때문이다. 여기서 잠깐, 풍족한 생활을 영유했음에도 탈레스가 향락을 즐기지 않고 지혜를 추구한 점은 분명히 높이 평가해야 할 부분이다.

탈레스는 많은 지식을 습득했을 뿐만 아니라 갖가지 연구에도 힘썼다. 고대 서적에는 이러한 탈레스의 총명함과 재능을 칭찬해놓은 기록이 많다.

일식 날짜를 정확히 예측한 일은 탈레스의 유명한 일화 중 하나다. 당시 5년이 되도록 전쟁을 벌이는 두 나라가 있었다. 탈레스가 일식을 예언한 당일, 태양이 아무런 예고도 없이 검은 그림자로 뒤덮이더니 온 세상이 어둠에 휩싸였다. 난데없는 기이한 현상에 양국 군대는 두렵고 당혹스러운 나머지 전쟁을 멈추기로 결정했다. 당시는 사람들이 아직 지구가 둥글다는 사실을 알지 못한 때였다. 당연히 일식이 생기는 원리도 이해하지 못했기 때문에 사람들은 이를 예언한 탈레스를 더욱 숭배할 수밖에 없었다.

훗날 천문학자들이 당시의 기록을 근거로 계산한 정확한 일식 날짜는 기원전 585년 5월 28일이었다. 이를 바탕으로 탈레스가 살았던 시기를 대략 확인할 수 있었다. 그 결과 탈레스가 공자보다 조금 앞선 시대에 살았다는 사실도 밝혀졌다.

탈레스는 일식을 예측했을 뿐만 아니라 이집트 피라미드의 높이도 기가 막히게 측량해냈다. 알다시피 피라미드는 매우 거대한 건축물이다. 그런데 마땅한 측량 기구도 없던 그 시대에 탈레스는 어떻게 높이를 계산한 걸까?

탈레스는 먼저 피라미드 앞에 나무 막대 하나를 세워놓고 막대의 그림자와 막대의 길이가 같아졌을 때 곧바로 사람을 불러 피라미드의 그림자 꼭대기 부분에 표시해두도록 했다. 그런 다음, 그는 피라미드 그림자의 길이가 곧 피라미드의 높이라고 말했다.

탈레스는 무슨 근거로 이렇게 말했을까? 원래 동일한 시각, 즉 태양의 높이가 같을 때 각기 다른 사물의 높이는 그것의 그림자 길이와 비례한다. 궁금하다면 실제로 직접 관찰해보길 바란다. 탈레스가 이러한 원리를 무려 2500여 년 전에 깨달았다는 것은 정말 대단한 일이다.

이렇듯 탈레스는 해박한 지식의 소유자로서 그야말로 '지혜를 사랑하는 사람'이었다.

Lesson
3

그럼 이쯤에서 이렇게 묻고 싶은 사람도 있을 것이다.

'탈레스가 수학·천문학·물리학에 뛰어났다는 건 이해하겠는데, 도대체 이것들이 철학과 무슨 관계가 있단 말인가?'

천문학, 물리학 등을 다루는 과학과 철학에는 한 가지 공통점이 있다. 바로 사물의 규율을 찾는다는 것이다. 앞서 말했듯, 탈레스가 살던 시대에는 태양이 달에 가려 일식이 생기는 원리를 아무도 이해하지 못했다. 하지만 탈레스는 일식이 대략 18년 10일에 한 번 주기로 발생한다는 사실을 이미 정확히 알고 있었다.

한편 철학가들은 단순히 표면적인 규율을 찾는 데 만족하지 않고 문제를 조금 더 깊이 분석하면서 생각하기를 좋아한다. 예컨대 철학가들은 일식을 보고 주기를 찾는 것에 그치지 않고 '우주의 형성과 움직임의 본질은 무엇일까'라는 문제에까지 접근한다. 탈레스는 이러한 문제를 가장 먼저 고민한 철학가였다.

탈레스의 또 다른 일화를 살펴보자.

어느 날 저녁, 탈레스는 광활한 밤하늘을 올려다보며 깊은 생각에 빠진 채 길을 걷고 있었다. 그러다가 그만 흙구덩이에 빠지고 말았다. 마침 지나가던 사람이 그 광경을 보고 박장대소를 터뜨렸다. 그는 비꼬듯 탈레스에게 말했다.

"그렇게 하늘만 쳐다보고 발밑은 제대로 안 보니 그런 꼴을 당하는 것 아니겠소?"

탈레스는 구덩이에서 빠져나와 옷에 묻은 흙을 털어내며 차분히 말했다.

"하늘을 한 번도 쳐다보지 않는 사람만이 구덩이에 빠지지 않는 거죠."

탈레스의 대답에는 어떤 의미가 담겨 있을까? 그는 늘 땅만 보고 걷는 사람, 즉 구덩이에 빠지지 않기 위해 한 번도 하늘을 올려다보지 않는 사람에게 드러낸 안타까움의 표현인 것이다. 탈레스는 길을 갈 때 발밑을 제대로 보지 않아도 된다고 말하는 것이 아니다. 때로는 실생활과 무관해 보이는 그 무엇이라도 사실은 눈앞에 보이는 것만큼 중요할 수 있음을 말하는 거다.

이처럼 철학가들은 광활한 밤하늘을 바라보며 생각에 빠지거나 사물의 본질에 대해 고민하는 것을 좋아하는 사람들이다.

그렇다고 하여 '철학가들은 현실과 동떨어진 채 늘 책만 보고 공상에 빠져 있다'라고 오해하지 않기를 바란다.

고대 그리스의 또 다른 위대한 철학가 아리스토텔레스(뒤에서 다시 자세히 살펴볼 인물이다)는 이렇게 말했다.

"철학가들이 실생활에 관심을 갖기만 한다면 곧바로 큰돈을 벌 수 있다."

믿지 못하겠는가? 그럼 탈레스의 또 다른 일화를 들여다보자.

어느 날, 탈레스는 그해의 기후와 농업 현황을 자세히 관찰한 뒤 다음 해 기상을 예측해볼 때 올리브 농사가 유리할 것이라고 판단했다. 그는 곧장 싼 가격에 착유기를 다량으로 사들이기 시작했다. 다음 해에 탈레스의 예상대로 올리브 농사는 풍작을 이뤘고, 여기저기서 올리브유를 생산하느라 착유기가 부족해졌다. 사람들은 할 수 없이 탈레스에게 비싼 돈을 주고 착유기를 빌려야 했다. 그 덕분에 탈레스는 큰돈을 벌 수 있었다.

보라, 탈레스가 때로는 밤하늘을 바라보며 공상에 빠지기도 하지만 한편으로는 이렇게 현실적이지 않은가!

Lesson
4

자, 그럼 이제 또 이렇게 묻고 싶은 사람이 있을 것이다.

'과연 탈레스는 철학가로서 어떤 성과를 남겼는가? 그의 철학은 너무 심오하지 않은가?'

결코 그렇지 않다. 탈레스가 남긴 두 가지 명언이 있는데, 둘 다 누구나 이해하기 쉬운 것들이다.

첫째, 물은 만물의 근원이다.

조금 전에 이야기했던 것처럼, 철학가가 과학자와 다른 점은 구체적인 문제를 연구하기보다는 사물의 본질에 더욱 집중한다는 사실이다. 탈레스는 왜 이런 말을 한 것일까? 과학자에게 "물은 만물의 근원이래요"라고 말한다면, 분명 "대체 누가 그런 말을 한 거죠? 말도 안 되는 소리 좀 하지 마세요" 하는 핀잔을 들을 것이다.

하하하! 당연한 반응이다. 현대 과학의 관점으로 보면 '물은 만물의 근원이다'라는 말은 일리가 없다. 하지만 철학적 관점에서 탈레스의 말을 생각해보면 인류가 시시각각 변하는 자연 현상을 통해 세상의 본질에 대해 생각하기 시작했다는 의미로 이해할 수 있다.

누군가는 이게 무슨 대단한 일이냐고 말할 수도 있겠다. 물론 지금 생각하면 아무것도 아닌 일일 수 있지만, 2500여 년 전에 이런 생각을 했다는 것은 사실 무척 대단한 일이다.

철학이 탄생하기 전, 그리스인들에게 우주란 신이 창조하고 지배하는 세계였다. 그리스 신화에 관심이 있다면 이러한 세계관이 낯설지 않을 것이다.

그리스 신화에 따르면 끝없이 펼쳐진 혼돈의 땅에 대지의 여신 가이아가 탄생하고, 이로써 대지에 만물이 생겨나며, 가이아가 하늘의 신 우라노스를 낳음으로써 세상에 광활한 하늘이 열리게 된다. 사람들은 천둥의 신 제우스와 올림포스산의 여러 신이 세상을 지배할뿐더러 우주의 움직임이나 인류의 운명 등 그 모든 것이 그들의 손에서 결정된다고 믿었다.

그리스인들은 그들의 상상력을 바탕으로 신들을 칭송하는 갖가지 노래와 신화를 창조해냈다. 이처럼 문학이란 상상력과 깊은 관련이 있다. 반면 철학은 상상력뿐만 아니라 사고력과도 밀접한 관련이 있다.

철학가 탈레스는 많은 사람이 상상력을 바탕으로 만들어진 신화를 통해 우주의 움직임을 이해했던 것과는 달리 자신의 감각기관을 통해 세상을 직접 보고 느끼고 이해하려 했다. 그리고 그는 '물'이 세상의 만물과 기묘한 연관이 있음을 발견했다. 누구나 알다시피 지구상의 모든 동식물은 물 없이 살 수 없다. 탈레스는 홍수가 지나간 후 직접 땅을 관찰하기도 했는데, 물이 토양을 비옥하게 만들 뿐만 아니라 그 안에서 식물들이 싹을 틔우고 작은 곤충들이 살고 있음을 발견했다. 이렇듯 물은 생명에 자양분을 공급한다. 어떤 생명이든 물이 없으면 죽음에 이르게 되는 것이다. 그는 이러한 현상을 우주 신화와 결합해 '만물은 물을 통해 생겨나고, 물은 만물의 근원이다'라는 결론을 내렸다. 탈레스는 심지어 지구가 물 위에 떠 있는 것이라고 주장하기도 했다. 소가 풀을 뜯어 먹으며 영양분을 얻듯이, 대지도 물을 흡수해 자양분을 얻을 뿐만 아니라 물 증발에 따른 수증기가 하늘의 해와 달, 별 그리고 온 우주에 양분을 공급한다고 여겼다.

탈레스는, 물은 언제나 활동을 하고 있으며 물 자체에 생명력이 있다고 생각했다. 빗물이 모여 강물이 되고, 강물이 바다로 흘러 들어가 망망대해에서 거센 파도로 변하기도 한다. 물은 때로는 분노하여 배를 뒤집어버리기도 하고, 때로는 잔잔히 항해자를 먼 곳까지 데려다주기도 한다.

그래서 탈레스는 이렇게 말했다.

"이건 분명 물에도 영혼이 있다는 뜻이야!"

탈레스가 산 그때의 시대적 배경과 생각의 출발점을 이해했다면, 그가 남긴 두 번째 명언도 쉽게 이해할 수 있을 것이다.

둘째, 만물에는 모두 영이 깃들어 있다.

이 말을 '만물에는 모두 신령이 있다'고 이해하는 사람도 있고, '만물에는 모두 영혼이 있다'고 이해하는 사람도 있다. 결국 어떤 해석이든 '세상은 죽어 있는 것이 아니라 살아 숨 쉬고 있는 것'임을 의미한다. 탈레스는 만물의 근원은 생명력을 가진 물이고, 이러한 물이 온 우주에 생명력을 가득 불어넣는다고 믿었다.

'만물에는 모두 영이 깃들어 있다'는 탈레스의 말에는 사실 또 다른 중요한 의미가 담겨 있다. 그건 바로 사물과 사물이 아주 밀접하게 연결되어 있다는 믿음이다. 모두가 알다시피 자석은 철을 끌어당긴다. 그런데 자석은 그 힘을 철에 전달해 그 철이 자석처럼 다른 철을 끌어당기게 만든다. 탈레스는 이러한 현상을 보고 자석과 철에도 영혼이 있다고 여겼다.

누군가는 또 이렇게 물을 것이다.

'탈레스의 이러한 관점들은 이미 틀린 것으로 밝혀졌는데, 이 제 와서 알아야 할 필요가 있을까?'

그렇다. 탈레스가 주장한 이런 관점들은 현대 과학의 원리에 부합하지 않는다는 사실이 이미 밝혀졌다. 그러나 탈레스가 살았던 당시의 시대적 배경을 고려해볼 때, 그가 홀로 관찰하고 생각해서 그 정도 결론을 도출했다는 것은 정말 굉장한 성과가 아닐 수 없다.

이제 탈레스의 관점을 이해해야 하는 필요성에 대해 생각해보자. '물체는 분자와 원자로 구성되어 있다', '자석이 철을 끌어당기는 것은 그 안에 영혼이 있어서가 아니라 자성이 만들어낸 자력 때문이다' 등등 우리는 이러한 사실들을 너무나 잘 알고 있다. 그런데 이러한 것들을 누가 우리에게 가르쳐준 걸까? 학교 선생님? 아니면 책? 그럼 이것을 가르쳐준 선생님이나 책을 쓴 저자는 태어날 때부터 이러한 원리를 알고 있었던 걸까? 그렇지 않다. 이것은 인류가 세대를 거듭하면서 연구와 실험을 통해 점진적으로 발견한 규율과 원리다. 우리는 단지 인류 문명의 연구성과를 손쉽게 누리고 있는 것일 뿐이다.

우리 선조들은 아주 오랜 시간에 걸쳐 아무것도 없는 백지상태에서 값진 지식을 창조해냈고, 대담한 상상력으로 연구한 끝에 이러한 원리를 깨우쳤다. 그리고 그들이 이렇게 연구와 실험을 계속할 수 있게 이끌어준 동력은 세상의 근원과 만물의 규율을 알고 싶어 하는 강한 호기심이었다. 바꿔 말해 철학은 과학의 중요한 원천 중 하나인 셈이다.

'철학은 인류가 세상을 이해하는 출발점이다'라는 말이 있다. 철학가들의 이야기와 그들의 철학적 관념 변화를 이해하면 세상 만물의 여러 원리와 배후에 있는 다양한 사고방식과 논리를 깨달을 수 있다.

마지막으로 철학은 '세상을 어떻게 바라볼 것인가?'라는 정말 중요한 문제를 생각하게 해준다. 우리가 익히 잘 알고 있는 뉴턴, 아인슈타인 같은 과학자들도 일면 위대한 철학가들이었다. 과학자들이 '세상은 어떤 곳이다'라고 일러주는 사람들이라면, 철학가들은 '세상을 어떻게 바라봐야 할 것인가?'를 생각하게 해주는 사람들이다.

물론 아직 이 말이 어떤 의미인지 제대로 이해하지 못할 수도 있다. 하지만 조급해할 필요는 전혀 없다. 앞으로 차근차근 철학의 진정한 의미를 깨닫게 될 테니까.

  지금까지 최초의 철학가 탈레스와 고대 그리스 철학의 기원에
대해 살펴봤다. 고대 그리스 철학의 세계에 입문한 여러분을 진
심으로 환영한다! 이제 다음 장에서는 철학가이자 동시에 수학
자였던 두 번째 인물을 만나보자.

《 **탈레스** 》

고대 그리스의 첫 번째 철학가로, 밀레투스학파의 창시자다. '물은 만물의 근원이다'와 '만물에는 영이 깃들어 있다'는 두 가지 핵심 관점을 제시했다.

◆ **철학과 철학가**

'철학(philosophy)'이라는 단어는 서양 철학의 발원지 고대 그리스에서 유래했고, '지혜를 사랑한다'는 의미를 담고 있다. '철학가'란 '생각하기를 좋아하고 진리를 추구하는 사람'이다.

◆ **철학은 어떻게 고대 그리스에서 시작되었을까?**

그리스는 유럽 대륙 가운데서도 지중해가 펼쳐진 반도 위에 위치해 있다. 그리스는 산이 많아서 농업이 발달하지 못했지만, 산간지대 사이의 산골짜기는 땅이 비옥했기 때문에 주로 이런 곳에 사람들이 모여 살기 시작했다. 그렇게 바다 가까이에 도시를 형성해 나아갔다. 일부 그리스인은 바다 항해를 하며 생계를 이어가거나 바다 위의 작은 섬들을 개척해 살았는데, 이러한 환경 덕분에 고대 그리스인들은 탐구와 사색을 즐겼다.

◆ 철학과 과학의 관계

철학은 인류가 이 세상을 이해하는 출발점이자 과학 탐구의 중요한 원동력이다. 과학자들이 우리에게 '세상은 어떤 곳이다'라고 일러주는 사람들이라면, 철학가들은 우리가 '어떻게 세상을 바라봐야 할 것인가?'를 생각하게 해주는 사람들이다.

02
피타고라스
• 콩을 멀리한 철학가 •

앞 장에서 탈레스라는 철학가를 소개했다. 그가 세상을 바라보는 관점은 크게 두 가지로 정리할 수 있었다. 첫 번째는 '물은 만물의 근원이다'이고, 두 번째는 '만물에는 모두 영이 깃들어 있다'는 것이었다. 탈레스는 서양 자연철학의 창시자이자 지혜를 사랑하고 진리를 추구하는 새로운 생각의 흐름을 이끌어낸 장본인이다. 그리고 이러한 생각의 흐름은 2000년이 훨씬 지난 지금까지도 계속 이어지고 있다.

탈레스는 다음과 같은 시를 남겼다.

말이 많다고 모든 걸 이해한 것은 아니다.
유일한 지혜를 찾아라.
유일한 선을 찾아라.
그러면 쉬지 않고 움직이려는 네 혀를 붙잡아놓을 수 있을 것이다.

탈레스가 이 시를 통해 전하려고 한 의미는 쉴 새 없이 주절주절 말하기보다는 가만히 생각하며 '지혜'와 '선'을 찾는 게 훨씬 중요한 일이라는 것이다.

그럼 이 장에서는 정말 대단히 똑똑했던 철학가, 피타고라스를 만나보자.

Lesson 1

피타고라스는 어떤 면에서는 탈레스와 무척 비슷하다. 이를테면 돈이 아주 많았다는 점에서 말이다.

피타고라스는 귀족 집안에서 태어나 부유한 생활을 누렸기 때문에 방방곡곡으로 여행을 마음껏 다닐 수 있었다. 앞에서도 이야기했듯, 고대 그리스 시대에는 생계 걱정을 하지 않아도 되는 사람만이 가만히 앉아 다른 생각을 할 여유가 있었다.

피타고라스가 탈레스와 다른 점은 그가 다방면으로 뛰어난 인재였다는 것이다. 피타고라스에게는 여러 직함이 있었는데, 철학가 외에도 수학자 · 천문학자 · 음악가 · 교사 · 수도사 · 심리치료사 등으로 불렸다.

이런 그가 남긴 유명한 시가 있다.

빗변의 제곱은

내가 틀리지 않았다면

다른 두 변의

제곱의 합과 같다네

하하하, 분명 이게 과연 시가 맞을까 생각했을 것이다. 사실 중요한 것은 시의 형식이 아니라 그 안에 담긴 내용이다. 기하학을 배운 사람이라면, 이 시가 수학의 '피타고라스의 정리'에 대해 설명한다는 걸 한눈에 알아볼 것이다.

직각삼각형에서 직각을 이루는 두 변의 제곱은 빗변의 제곱과 같다.

중국에서는 주나라 때 구삼(勾三) · 고사(股四) · 현오(弦五)라는 표현을 사용했기 때문에 이 방법을 '구고(勾股) 정리'라고 부른다. 하지만 서양에서는 피타고라스가 발견했기 때문에 '피타고라스의 정리'라고 부른다.

피타고라스와 수학의 인연을 알아보려면 먼저 그의 아버지에 대해 살펴봐야 한다. 피타고라스는 에게해 사모스섬에서 태어났는데, 아버지의 고향은 페니키아의 티르라는 지방이었다. 지중해 동안에 위치한 페니키아는 그리스와 비교적 가까운 거리에 있다. 하지만 엄격히 따지면 아시아에 속하는 곳이다. 지금으로 치면 레바논 지역에 해당하는데, 관심이 있다면 지도를 한번

살펴보길 바란다.

티르는 상업이 발달한 항구 도시였기 때문에 그곳의 상인들은 대부분 셈에 밝았다. 피타고라스의 아버지 역시 부유한 상인이었다. 그는 티르에서 사모스섬으로 장사를 하러 떠났다가 현지 여인과 결혼해서 피타고라스를 낳았다. 피타고라스는 어린 시절 티르에서 계몽교육을 받았고, 나중에 사모스섬으로 돌아와 시와 음악을 공부했다.

유전적 영향인지 환경적 영향인지 알 수 없지만, 피타고라스는 숫자에 굉장히 민감한 사람이었다.

숫자에 민감한 만큼 피타고라스는 탈레스와 완전히 다른 관점을 제시했다. 탈레스는 세상의 근원은 물이라고 믿었지만, 피타고라스는 이러한 관점에 동의하지 않았다.

'No! 세상의 근원은 물이 아니다!'

그렇다면 피타고라스가 생각하는 세상의 근원은 무엇이었을까? 한 가지 힌트를 주자면 피타고라스는 수학에 엄청난 재능이 있는 사람이었다. 그렇다! 피타고라스가 생각하는 세상의 근원은 바로 '수', 즉 '숫자'였다.

'만물은 수(數)다!'

이쯤 되면 이런 생각이 들 수도 있을 것이다.

'철학? 뭐 별거 아니네. 만물은 ─이다, 하는 문장 하나만 만들면 되는 거 아니야? 그걸 누가 못한담. 만물의 근원은 나무이다. 만물의 근원은 불이다. 만물의 근원은 아이스크림이다……'

하지만 철학가가 되는 일이 이렇게 간단할까? 물론 그렇지 않다. 누구나 자유롭게 자신의 관점을 이야기할 수 있다. 그러나 그보다 더 중요한 건 그것을 다른 사람들도 이해할 수 있도록 충분히 설명할 수 있어야 한다는 사실이다.

피타고라스는 단순히 '만물은 수다'라는 말만 한 것이 아니라 자신의 의견을 충분히 덧붙였다. 피타고라스의 이론에 따르면 숫자는 보이는 것처럼 단순한 존재가 아니다. 그는 수많은 숫자 중에서도 '1'을 가장 중시했다. 다른 수들은 모두 '1'을 여러 번 더해 만들어지므로 '1'이야말로 우주의 동력이라고 주장했다.

그럼 숫자 '2'는 어떨까? '2'는 '1'을 통해 만들어졌지만 '2'는 '1'을 토대로 변화한 것이고 '1'과 합쳐지면 '3'이 만들어진다. 그래서 숫자 '2' 역시 '1'과 마찬가지로 우주의 창조자라고 볼 수 있다. 그뿐만 아니라 피타고라스는 '3'은 다채로운 세상을, '4'는 1년 사계절을 대표한다고 말했다. 그는 '4'를 완벽한 수라고 주장했다. 4까지의 수를 모두 더하면 '10'이 되기 때문이다. 그는 특별히 '4'를 칭송하기 위해 글을 쓰기도 했다.

아름답고, 아름다운 4여! 당신은 영원한 창조의 원천! 순결하고 심오한 '1'이 더해지고 더해져 아름다운 '4'가 만들어지고, 고결한 10이 탄생했네. 당신은 모든 것을 품에 안은 세상의 어머니.

이처럼 피타고라스는 숫자에 특별한 애정을 품고 있었다. 그는 세상 만물은 언젠가 소멸하지만 '수'만큼은 영원히 변하지 않는다고 믿었다. '수'의 세계는 완벽하고 만물은 '수'를 기반으로

만들어졌다고 주장했다.

피타고라스의 이론을 살펴보다 보니 그와 동시대를 살았던 중국의 한 인물이 떠오른다. 그의 이름은 이이(李耳)! 아마 대부분의 사람에게는 '노자'라는 이름이 더 익숙할 것이다.

노자는 도가의 창시자로서 이런 말을 남겼다.

"도는 하나를 낳고, 하나는 둘을 낳고, 둘은 셋을 낳고, 셋은 만물을 낳았다."

물론 여기서 하나, 둘, 셋은 숫자 그 자체를 의미하는 건 아닐 것이다. 이 말의 핵심은 만물이 작은 것에서 큰 것으로, 간단한 것에서 복잡한 것으로 발전한다는 데 있다. 이러한 점에서 노자와 피타고라스의 이론을 살펴보면 분명 서로 통하는 부분이 있다.

Lesson 3

피타고라스가 주장한 '만물은 수다'라는 말에서 '만물'이란 자신이 살고 있는 이 세상뿐만 아니라 그보다 더 커다란 존재인 우주 전체를 포함한다.

어느 날이었다. 피타고라스가 대장간 앞을 지나가고 있는데, 안에서 땅땅, 철을 두드리는 소리가 들려왔다. 그런데 자세히 들어보니 소리의 높낮이가 모두 달랐다. 호기심이 든 그는 안으로 들어가 살펴보았다. 무거운 망치로 쇳덩이를 두드리면 낮고 무거운 소리가, 가벼운 망치로 두드리면 맑고 깨끗한 소리가 났다. 그때 피타고라스의 머릿속에 불현듯 생각 하나가 스쳤다.

'음악의 높낮이가 망치의 무게와 관련이 있다면 음악도 숫자로 표현할 수 있는 것 아닐까?'

잘 알다시피 바이올린, 기타, 비파 등의 현악기는 현의 길이에 따라 음의 높낮이가 달라지는데, 이 또한 음악을 숫자로 표현할 수 있는 좋은 예다.

그런데 피타고라스는 여기에서 그치지 않고 한 단계 더 멀리

나아갔다. 그는 우리가 사는 세상뿐만 아니라 온 우주에서 들려오는 소리가 모두 음악이라고 생각했다. 그릇이 맞부딪쳐 내는 소리, 화산이 폭발하는 소리, 강물이 세차게 흐르는 소리, 별이 밤하늘을 돌며 내는 소리 등등 우주 전체가 하나의 위대한 교향악단이고, 그 안에 존재하는 물체들이 다양한 악기가 되어 자신만의 소리를 내는 것이다. 피타고라스는 이를 '우주의 화음'이라고 불렀고, 자신은 우주가 연주하는 음악을 들을 수 있다고 했다.

바로 이러한 것들이 피타고라스가 2500년 전에 고민하고 탐구한 문제들이다.

그런데 이런 의문이 드는 사람도 있을 것이다.

'피타고라스는 수를 기반으로 한 이론을 주장했고 그 유명한 피타고라스의 정리도 발견했는데, 왜 그를 수학자라고 부르지 않고 철학가로 분류했을까?'

아주 중요한 질문이다. 1장에서 했던 말을 기억하는가?

'철학과 과학의 다른 점은, 철학은 구체적인 지식을 추구하기보다 세상을 어떻게 바라봐야 할지 생각하게 한다.'

피타고라스가 수학자가 아닌 철학가로 불리는 까닭은 그가 '만물은 수다'라는 주장을 펼쳤기 때문이다. 그는 구체적인 지식을 추구했을 뿐만 아니라 나아가 세상의 근원을 탐구했다. 피타고라스의 관점은 훗날 수많은 철학가와 과학자에게 영향을 줬다. 오늘날에도 많은 물리학자가 수학 공식을 통해 우주의 움직임을 이해할 수 있다고 믿는다.

피타고라스는 정확한 '수'를 통해 세상의 근원을 이해하면서 '이성'을 강조했다. 그런 그였지만 동시에 '신비'에 대한 믿음도 있었다. 이 부분은 후대에 피타고라스의 학설에 관한 많은 생각할 거리를 남겼다.

'이성'과 '신비', 이 두 가지 개념은 그림자처럼 늘 붙어 다닌다. 주변을 살펴보면 무슨 일이든 극단적으로 생각하기 좋아하는 사람들이 있다. 이런 사람들은 크게 두 부류로 나뉜다.

첫 번째 부류는 오로지 자신의 직관에만 의존해 문제를 바라보는 사람들로, 사실이나 논리를 통해 사물을 인식하려고 하지 않는다. 이런 사람들은 편견을 갖기 쉽고 소문을 잘 믿는다. 또 각종 '음모론'을 쉽게 믿기도 하는데, 모든 중대 사건의 배후에는 비밀이 숨어 있다고 생각한다.

두 번째 부류는 현재 알려진 과학 지식이 전부라고 믿는 사람들로, 밝혀지지 않은 미지의 영역은 절대 받아들이지 않는다. 이들은 자신이 알고 있는 지식에 부합하지 않는 사물은 모두 엉터리로 받아들인다.

이 두 부류의 사람들은 피타고라스의 사상을 눈여겨볼 필요가 있다. 피타고라스의 관점에 따르면 철학의 세계에서 '이성'과 '신비'는 공존하는 것이다. 그리고 이것은 철학의 두 가지 상반된 얼굴이기도 하다.

피타고라스는 일평생 '어떻게 우주가 수의 형식으로 조화를 이루는지'를 연구했다. 그는 사람의 영혼도 조화로운 상태를 추구한다고 여겼다. 그는 젊은 시절 이집트에서 10년 정도 머무른 적이 있는데, 이 시기에 신전에서 제사장들과 많은 시간을 보내며 이집트의 윤회 사상에 큰 관심을 보였다.

탈레스가 '만물에 영이 깃들어 있다'고 믿었다면, 피타고라스는 만물에 영이 깃들어 있을 뿐만 아니라 '영혼이 하나의 생명체에서 다른 생명체로 옮겨갈 수 있다'고 믿었다.

한번은 피타고라스가 길을 걷고 있는데, 불쌍한 개 한 마리가 매를 맞고 있었다. 그는 매질을 하는 사람에게 다가가서 간청했다.

"제발 그만해요. 이 개의 몸에는 내 오랜 친구의 영혼이 들어 있어요. 방금 그의 목소리가 들렸어요."

피타고라스의 말이 미신처럼 들리는가? 너무 심각하게 생각할 필요는 없다. 앞에서도 말했듯 지금은 단지 고대 철학가들의 사고방식을 살펴보는 중이니까. 따라서 그들의 관점을 꼭 받아들일 필요는 없다.

피타고라스는 사람의 영혼이 육체 안에 갇혀 있다고 생각했는데, 이러한 영혼은 혼탁해지기 쉬우므로 적절한 음식과 운동 그리고 생각을 통해 정화해야 한다고 주장했다.

피타고라스는 50세 되던 해에 고향을 떠나 이탈리아로 갔다. 그는 이탈리아 남단 크로토네에 종교집단 같은 학교를 세웠다. 이 학교에 다니는 사람들은 모두 독특한 흰색 망토를 두르고 재산을 공유했으며 공동생활을 했다. 그들은 피타고라스의 수업 내용을 외부로 발설하는 것을 금했다. 그들은 학교 안에서 토론과 독서와 음악을 즐기고 태양의 신 아폴론에게 제사를 지내기도 했는데, 이처럼 차분하고 장엄한 생활을 통해 영혼을 정화할 수 있다고 믿었다.

피타고라스와 그 제자들의 생활방식은 공동 신앙을 갖고 몸과 마음의 수행에 집중하며 신을 경배한다는 점에서 수도승과 비슷했다. 피타고라스는 심지어 엄격한 계율을 정해 제자들에게 지키도록 했는데, 예컨대 콩 먹지 않기, 동물의 심장 먹지 않기,

밝은 곳에서 거울 보지 않기, 칼로 불을 끄지 않기 등이었다.

그들의 생활 모습을 보면서 이런 의문이 드는 사람도 있을 것이다.

'앞에서는 철학과 과학에 대해 이야기하더니, 이제 철학과 종교도 구분해야 하는 건가?'

사실 철학과 종교는 겹치는 부분이 생각보다 많다. 하지만 둘을 구분하자면 종교는 신비로운 사물에 대한 신앙과 체험을 강조하는 반면, 철학은 세상과 인생에 대한 사유를 강조한다. 위에서 말한 금기 사항에 대해 피타고라스가 그것들을 단순히 믿고 실천했다면, 종교에 더욱 근접했을 것이다. 하지만 피타고라스는 이러한 금기 사항을 자신의 학설을 통해 충분히 설명했으므로 이것은 철학에 가깝다고 볼 수 있다.

예를 들어 피타고라스는 콩을 먹으면 영혼의 일부분을 빼앗긴다고 말했는데, 그 이유는 콩을 먹으면 배에 가스가 차고 가스가 배출되면서 영혼의 일부도 함께 빠져나간다고 생각했기 때문이다. 물론 피타고라스의 이런 인식은 터무니없는 것이지만, 그는 이렇게 자신의 행위를 설명하려고 노력했다. 그는 콩이 사람의 영혼을 앗아간다고 생각했기 때문에 콩을 먹는 것뿐만 아니라 밟는 것 또한 허락하지 않았다. 피타고라스는 80세까지 산 것으로 전해지는데, 어느 날 반대파에 쫓겨 도망을 가다가 우연히 콩

밭을 만났고 콩을 밟지 않겠다는 신념 때문에 스스로 발걸음을 멈추었다. 그 바람에 그는 결국 뒤쫓아 온 반대파에 목숨을 잃었다.

이 이야기가 사실이라면 그의 신념에 감탄하지 않을 수 없다.

자신이 세운 규칙을 지키다 목숨까지 잃은 피타고라스를 보면서 어떤 생각이 드는가? 바보 같다 혹은 대단하다 또는 안타깝다 등등 저마다 자신만의 생각이 있을 것이다.

피타고라스는 이렇게 말했다.

"자신을 제어하지 못하는 이는 자유로운 사람이라고 할 수 없다."

흥미롭게도 내가 최근 사용하고 있는 운동 애플리케이션에도 이와 비슷한 문구가 올라와 있다.

'자기관리만이 나를 자유롭게 한다.'

피타고라스가 전하고자 했던 의미는 사람이 자발적으로 규칙을 지킬 때, 그의 영혼이 진정한 자유를 얻는다는 것이다. 그가 진심으로 관심을 가졌던 것은 사람의 영혼, 달리 말하면 인생을 살아가는 사람의 태도였다. 피타고라스는 이러한 인생의 태도를 주장했을 뿐만 아니라 몸소 실천하는 모습을 보여줬다. 그가 여러 학문을 공부하고 연구한 것도 자신의 영혼을 더욱 아름답고 조화롭게 가꾸기 위해서였다.

이러한 점으로 볼 때 피타고라스는 수학자가 아닌, 철학가라고 하는 것이 더 타당하다. 당신의 생각은 어떠한가?

자, 피타고라스에 관한 이야기는 여기까지다. 이제 철학이란 무엇인지 감이 조금 오는가?

《 피타고라스 》

피타고라스는 약 2500년 전에 살았던 인물로, 고대 그리스의 귀족 출신이다. 그는 수학에 뛰어난 재능을 보였고, 우리가 잘 아는 '피타고라스의 정리'를 발견한 장본인이다.

◆ 만물은 수다

피타고라스는 세상의 근원이 1, 2, 3, 4와 같은 '수'라고 생각했다. 또한 그는 음악도 숫자로 표현할 수 있다고 주장했는데, "우주의 모든 것이 음악이다"라고 말했다.

◆ 이성과 신비

피타고라스의 학설을 살펴보면 철학의 세계에는 이성적인 면과 신비로운 면이 공존한다는 것을 알 수 있다. 그는 굉장히 이성적이고 절제된 생활방식을 유지하면서도 신비한 영혼의 세계를 탐색하며 조화를 추구했다.

◆ 이상과 현실

피타고라스는 세상에서 가장 완벽한 것은 '숫자'라고 생각했다. 그러나 이러한 완벽함은 대부분 이상에 머무를 뿐이다. 머릿속으로 완벽한 원을 상상할 수는 있어도 현실에서 완벽한 원을 그릴 수 없는 것처럼 말이다. 아무리 정밀한 도구의 도움을 받는다고 하더라도 아주 작은 오차가 존재한다.

우리가 끊임없이 추구하는 진리란 완벽하게 상상할 수는 있어도 현실에서 완벽하게 그려내기 힘든 원과 같은 것이다. 이것이 바로 철학의 매력이기도 하다.

03

헤라클레이토스

• 사람은 같은 강에 두 번 발을 담글 수 없다 •

앞 장에서 피타고라스와 그의 철학에 대해 살펴봤다. 피타고라스는 "만물은 수다"라고 말했고, 우주는 수의 형식을 통해 아름다움과 조화를 유지하며 사람의 영혼은 늘 조화로운 상태를 추구해야 한다고 주장했다.

피타고라스는 사람들의 삶을 열기로 가득한 운동장에 비유했다. 이 운동장 안에는 세 부류의 사람이 있는데 첫 번째 부류는 물건을 파는 장사꾼들이고, 두 번째 부류는 열심히 경기를 뛰고

있는 운동선수들이며, 세 번째 부류는 깊은 생각에 빠진 관중이라고 했다. 그리고 피타고라스는 세 번째 부류의 사람을 가장 훌륭하다고 여겼다.

피타고라스는 왜 그렇게 생각했을까? 그는, 세상에는 각양각색의 사람들이 있다고 말했다. 돈을 더 많이 벌고 싶은 사람도 있고, 자신의 능력을 증명해 보이기 위해 치열하게 싸우는 사람도 있다. 그리고 한편으로는 세상을 가만히 관찰하고 생각하기를 좋아하는 사람도 있다. 철학가 피타고라스는 이러한 부류의 사람을 가장 좋아했다.

'생각'이라는 행위가 직접적으로 돈이나 명예를 가져다줄 수는 없지만, 생각을 잘할 줄 알면 자기 자신뿐만 아니라 자신이 살아가는 이 세상을 훨씬 더 잘 이해할 수 있다.

앞에서 살펴본 박학다식한 탈레스와 신비로움을 지닌 피타고라스 외에도 고대 그리스 시대에는 생각하는 것을 아주 좋아한 또 한 명의 철학가가 살았다. 바로 이 장에서 소개할 헤라클레이토스다.

Lesson 1

헤라클레이토스의 이름 앞에 수식어를 붙여야 한다면 '오만한 헤라클레이토스'가 가장 잘 어울릴 것이다.

'오만'은 결코 칭찬의 의미로 사용하는 단어가 아니다. 그럼 왜 헤라클레이토스를 오만하다고 한 걸까? 그 이유는 그가 유명하다는 시인들이나 철학가들을 거들떠보지도 않았기 때문이다. 이를테면 헤라클레이토스는 앞 장에서 살펴본 피타고라스도 아주 하찮게 여겼고, 그의 학설이 말도 안 되는 억지라고 생각했다. 피타고라스뿐만 아니라 고대 그리스의 유명한 시인 호메로스도 아주 싫어했다. 대서사시 《일리아스》와 《오디세이아》를 쓴 그 위대한 호메로스를 말이다. 그는 호메로스가 인간의 온갖 추악한 행위를 신들에게 덮어 씌운 것은 절대 용납할 수 없는 일이며 채찍으로 때려 마땅하다고 말했다.

그런데 헤라클레이토스는 꽤 공평한 사람이었다. 그는 명성이 자자한 위대한 인물들만 무시하고 깔본 것이 아니라 일반 대중에게도 똑같은 시선을 보냈다. 그래서 차라리 산속으로 들어가 은둔하길 원했다.

"모두가 의론이 분분한데 왜 당신만 침묵하고 있는 것이오?"

누군가가 물었다면 그는 이렇게 대답했을 것이다.

"왜요? 무슨 말을 꼭 해야 하나요? 당신들끼리 잘 떠들어보시오!"

헤라클레이토스는 달의 여신 아르테미스 신전 부근에서 아이들과 구슬 놀이를 즐겨 했는데, 정치에 참여하는 것보다 이러한 활동이 훨씬 더 재미있다고 느꼈다.

헤라클레이토스가 이처럼 염세적인 태도를 가진 데는 특별한 이유가 있었을까.

당시 그의 고향 에페소스와 그리스 전체가 페르시아로부터 위협을 받고 있었다. 그는 고향 사람들이 조금 더 지혜롭고 페르시아의 진취적인 정신을 배우길 바랐다. 하지만 그의 눈에 비친 건 사람들의 무지뿐이었다. 헤라클레이토스는 친구 헤르모도로스가 국외로 추방당했을 때 분노하며 말했다.

"에페소스의 어른들을 모두 목매달아 죽이고, 아이들에게 도시를 넘겨야 한다! 어른들은 그들 중 가장 위대한 어른을 스스로 내쫓지 않았는가!"

헤라클레이토스를 너무 극단적인 사람으로만 생각하지 마라. 사실 그는 태생적으로 아무런 욕심이 없는 사람이었다. 그는 에페소스의 저명한 귀족 집안 출신으로, 제사장 브로손의 아들이었다. 원래 그는 제사장의 자리를 물려받을 수 있었지만, 형제에게 양보하고 자신은 스스로 은둔생활을 했다.

페르시아의 왕 다레이오스는 헤라클레이토스에게 편지를 보내 궁에서 철학을 가르쳐달라고 부탁했지만, 그는 거절했다. 헤라클레이토스는 부와 명예에는 일절 관심이 없었고, 오직 사람의 영혼에만 관심을 기울였다.

헤라클레이토스는 이렇게 말했다.

"당신이 그 어느 방향에서 나서든 영혼의 경계를 찾기 힘들 것이다."

그럼 과연 헤라클레이토스가 세상에 이름을 알리게 된 이유는 그의 염세적인 태도 때문이었을까? 아니면 부와 명예 그 무엇에도 욕심이 없는 태도 때문이었을까?

물론 둘 다 아니다. 오늘날 사람들이 여전히 헤라클레이토스를 기억하고 그에 관하여 공부하는 까닭은 그가 남긴 많은 철학적 성과 때문이다.

Lesson 2

위대한 철학가로 손꼽히는 소크라테스 역시 헤라클레이토스를 무척 존경했다.

소크라테스는 헤라클레이토스의 글을 읽고 이렇게 말했다.

"내가 이해한 부분은 매우 아름다웠다. 그리고 내가 이해하지 못한 부분도 분명 아름다웠으리라 생각한다."

독일의 유명한 철학가 헤겔은 헤라클레이토스 이전의 철학가들은 생략하고 헤라클레이토스를 진정한 철학의 시초로 여겼다. 그는 헤라클레이토스의 저서를 읽고 "마치 망망대해에서 신대륙을 발견한 것 같다"고 말했다.

또 다른 유명한 독일 철학가 니체 역시 이렇게 말했다.

"헤라클레이토스는 영원히 쇠퇴하지 않을 것이다."

이처럼 철학의 대가들이 헤라클레이토스를 극찬한 것을 보니, 그가 도대체 어떤 사상을 갖고 있었는지 궁금하지 않은가?

지금부터 한번 살펴보자.

앞서 말했듯이 고대 그리스 철학가들이 가장 관심을 가진 문제는 '세상의 근원이 무엇인가?'였는데, 헤라클레이토스도 예외는 아니었다. 헤라클레이토스는 세상의 근원이 '물'이나 '수'가 아니라 '불'이라고 주장했다. 그의 주장에 따르면 우주는 과거에도, 현재에도, 미래에도 영원히 타오르는 불이며 일정한 척도로 연소하고 일정한 척도로 소멸한다고 했다.

어쩌면 누군가는 이 말을 단순한 비유라고 생각할 수도 있을 것이다. 그러나 이 말에는 굉장히 오묘한 의미가 숨어 있다.

헤라클레이토스가 강조하고 싶었던 것은 '과거, 현재, 미래'가

아니라 '연소'와 '소멸' 부분이다. 과연 무슨 의미일까? 헤겔은
이렇게 설명했다.

"헤라클레이토스는 우주를 사람의 변화 과정으로 이해한 최
초의 사람이다."

'불'이라는 단어를 들으면 가장 먼저 떠오르는 것이 어떤 물질
이 타오를 때 나오는 빛과 열, 즉 '화염'일 것이다. 그런데 헤라클
레이토스가 말한 '불'을 '화염'으로 이해한다면, 그의 주장은 조
금 무섭게 느껴질 수도 있다. 산불이 난 것을 본 적 있는가? 몇
해 전 미국 캘리포니아와 호주에서 큰 산불이 났고, 몇 달 동안
이어진 불길은 수많은 사람의 보금자리를 앗아갔다. 1987년 중

국 다싱안산맥에서 큰 산불이 나서 국가에 막대한 손실을 끼쳤다. 이처럼 세상 모든 곳이 이러한 화염으로 뒤덮여 있다면 얼마나 무서운 일이겠는가?

헤라클레이토스가 말한 '불'은 눈으로 볼 수 있는 '화염'의 의미가 아니다. 그가 말한 '불'과 '만물'의 관계는 '돈'과 '상품'의 관계와 비슷하다. 돈을 상품으로 교환하고 상품을 다시 돈으로 교환하는 것처럼 만물의 변화는 연소와 소멸로 표현할 수 있고, 연소와 소멸을 만물의 변화로 설명할 수 있다.

물리학을 접해본 사람이라면 헤라클레이토스가 말한 '불'이란 현대 물리학에서 말하는 '에너지'임을 이해할 수 있을 것이다. 연소되는 화염은 에너지의 전환을 의미하는데, 어떤 물체의 화학 에너지가 빛에너지와 열에너지로 전환되었음을 나타낸다. 마찬가지로 세상 만물의 변화 역시 에너지의 전환으로 설명할 수 있다. 예를 들어 어떤 물체가 높은 곳에서 아래로 떨어지는 것은 중력이 운동에너지로 전환되었다는 것을 의미하고, 연못의 물이 햇볕을 받아 수증기로 변하고 공기 중으로 사라지는 것은 태양의 열에너지가 물의 형태를 변화시켰음을 의미한다.

다시 말해 온 우주가 에너지의 응집, 분산, 전환의 과정을 반복하고 있는 것이다!

현대에 이르러 과학자들은 태양과 같은 항성에는 실제로 불길이 활활 타오르고 있다는 사실을 발견했다. 그런데 2500년 전, 현대 물리학의 지식을 알지 못한 헤라클레이토스 역시 비슷한 주장을 했다. 다른 점이 있다면 현대 과학자들은 정밀한 관측 도구와 수학 계산을 통해 우주 현상을 해석했다면, 헤라클레이토스는 지혜로운 두뇌와 철학적 언어로 세상에 대한 자신의 생각을 표현했다는 것이다.

그러므로 헤라클레이토스가 당시에 '우주는 영원히 타오르는 불이며 일정하게 연소하고 일정하게 소멸한다'고 주장한 것은 시대를 상당히 앞서간 생각이다.

그렇다면 헤라클레이토스는 왜 이러한 관점으로 역사에 길이 이름을 남기게 되었을까? 헤겔은 왜 헤라클레이토스를 서양 철학의 시초라고 생각했을까?

Lesson
3

헤라클레이토스의 '불'에 관한 관점을 조금 더 자세히 살펴보자.

'우주는 과거에도, 현재에도, 미래에도 영원히 타오르는 불이며 일정한 척도로 연소하고 일정한 척도로 소멸한다.'

일정한 척도로 연소하고, 일정한 척도로 소멸한다는 것은 무슨 의미일까? 헤라클레이토스는 세상 만물이 뒤죽박죽 아무렇게나 변하는 것이 아니라 일정한 척도로 변한다고 말했다. 예를 들어 황혼은 낮이 밤으로 바뀌는 기준이고, 기온이 0도로 떨어지는 것은 물이 얼음으로 바뀌는 척도이며, 가을의 도래는 기러기 떼가 남쪽으로 날아가는 척도이다.

헤라클레이토스는 우주의 질서를 만드는 이러한 '척도'를 '로고스'라고 명명했다. 로고스는 우주의 지휘자이고 만물은 로고스를 따라 움직인다. 그는 사람이 로고스를 이해할 수는 있지만, 그것을 완전히 이해하거나 말로 표현하는 건 어렵다고 말했다. 이 말은 도가의 창시자 노자가 남긴 유명한 구절과도 비슷하다.

'도라는 것은 말로 한정할 수 없다(道可道, 非常道).'

'도'는 노자가 주장한 최고의 원칙이다. 하지만 노자는 '도'를 말로 표현하면 그것은 더 이상 '도'가 아니라고 생각했다.

'로고스'를 주장한 헤라클레이토스이든 '도'를 주장한 노자이든 철학가들은 세상이 변화하는 근본적 규칙을 찾고 싶어 했다. 이는 분명 세상의 근원을 찾는 일보다 한 단계 더 나아간 것이다.

그렇다면 세상 만물이 변화하는 규칙은 무엇일까? 비록 헤라클레이토스가 로고스는 말로 표현하기 어렵다고 했지만, 생각

을 통해 조금은 이해해볼 수 있다. 우주는 끊임없이 연소하고 또 소멸하는 불이고, 이러한 불은 지속적으로 변화를 일으킨다. 변화는 과거와 현재, 미래에 계속 이어지고 있다. 이렇게 흐르며 변화하는 것을 '유전'이라고 부른다.

헤라클레이토스가 남긴 유명한 말 중에 만물의 유전을 잘 설명해주는 구절이 있다. 이 구절은 워낙 유명해서 많은 사람이 자신의 글에 인용하기도 했다.

'사람은 같은 강에 두 번 발을 담글 수 없다.'

이 말의 의미는 강물이 매 순간 흐르고 있으므로 조금 전의 강물과 조금 후의 강물은 똑같지 않다는 것이다. 그래서 강물에 발을 두 번 담근다면 첫 번째와 두 번째 강물은 절대 같은 강물이 아니다. 심지어 헤라클레이토스는 강물에 발을 두 번 담근 그 사람도 같은 사람이 아니며, 다만 사람의 변화는 강물의 변화만큼 뚜렷하지 않을 뿐이라고 말했다.

그럼 유전의 근원은 무엇일까? 이에 대해 헤라클레이토스는 자신만의 독특한 해석을 내놓았는데, 그것은 사물 내부의 대립과 투쟁 때문이라고 했다.

Lesson
4

'대립과 투쟁'이라는 말을 들으니 싸우거나 다투는 장면이 먼저 떠오르는가?

사실 우주에서 대립과 투쟁은 아주 흔한 일이다. 예를 들어 찬 공기가 따뜻한 공기를 만나면 비가 내리거나 심지어 천둥 번개가 치기도 하는데, 이게 바로 찬 공기와 따뜻한 공기가 대립하고 투쟁하는 것이다. 하지만 이러한 대립과 투쟁이 더 이상의 혼란을 야기하지 않고, 더욱 높은 차원의 조화를 이루어낸다. 이것을 철학적인 용어로는 '대립 통일'이라고 부른다. 또한 이러한 시각으로 문제를 바라보는 것을 '변증법'이라고 하는데, 헤라클레이토스가 바로 변증법의 창시자이다. 이것은 그의 가장 중요한 철학적 성과이기도 하다.

변증법이 너무 추상적으로 느껴진다면 다음의 예를 함께 살펴보자.

누구나 바이올린을 한 번쯤 본 적 있을 것이다. 바이올린 활을 현 위에 우아하게 올려놓는 것만으로는 소리가 나지 않는다. 활을 적당한 각도로 기울여 힘을 줘서 현과 마찰을 일으켜야만 현

이 진동하면서 아름다운 소리를 낸다. 활과 현을 대립관계로 본다면 둘 사이의 마찰은 투쟁이고, 귀를 즐겁게 하는 음악이 바로 대립 통일인 셈이다.

헤라클레이토스는 세상의 모든 대립은 서로 전환되기도 하고 본질적으로는 서로 일치한다고 말했다. 사람이 배가 고프면 음식을 찾게 되고 그런 다음에는 배가 부르게 된다. 배가 고픈지 몰랐다면 배불리 먹고 싶다는 생각도 못 하게 될 것이다. 그래서 '배고픔'과 '배부름'은 본질적으로 대립 통일의 관계라고 볼 수 있다. 또 다른 예를 들어보면 높이 뛰어오르고 싶다면 먼저 무릎을 굽혀야 뛰어오를 수 있다. 그러니 굽히는 일 또한 뛰어오르는 것의 일부분이라고 할 수 있다.

헤라클레이토스의 변증법은 비교적 원시적인 단계이기 때문에 '초기 변증법'이라고 부른다. 하지만 그 시대에 헤라클레이토스가 이러한 이론을 제시했다는 것은 정말 굉장한 일이다.

이제 왜 소크라테스, 헤겔, 니체 등 철학의 대가들이 헤라클레이토스를 그토록 존경했는지 이해할 수 있겠는가?

비록 후대에 많은 철학가가 헤라클레이토스의 이론을 연구하고 공부하고 있지만, 고대 그리스 시대에는 그의 이론을 철저히 반대하던 사람들도 있었다. 다음 장에서 살펴볼 철학가가 바로 그중 한 사람이다.

《 헤라클레이토스 》

고대 그리스의 철학가로, '우주는 영원히 타오르는 불이며 일정
하게 연소하고 일정하게 소멸한다'는 유명한 이론을 남겼다.
그는 우주에 연소와 소멸의 과정이 있다는 것을 최초로 주장했
고, 그 밖에도 세상 만물의 변화에는 일정한 '기준'이 존재한다
고 말했다.

◆ **로고스**

헤라클레이토스는 우주 만물이 변화하는 규칙을 '로고스'라고
명명했다. 이것은 중국 도가 사상의 창시자 노자의 '도라는 것
은 말로 한정할 수 없다'라는 말과도 일맥상통한다.

◆ **사람은 같은 강에 두 번 발을 담글 수 없다**

헤라클레이토스는 '사람은 같은 강에 두 번 발을 담글 수 없다'
는 명언을 남겼는데, 이 말은 세상 만물이 끊임없이 변한다는
뜻이다. 오늘날에는 같은 실수를 두 번 저지를 수 없다거나 과
거로 돌아갈 수 없음을 표현할 때 주로 사용된다.

◆ 초기 변증법

헤라클레이토스는 사물 내부의 대립과 투쟁이 사물에 운동 변화를 일으켜서 더 높은 차원의 조화를 이루게 된다는 '초기 변증법'을 제시했다. 또한 세상의 모든 대립은 서로 전환되기도 하고 본질적으로는 서로 일치한다는 '대립 통일'을 주장하기도 했다.

04

파르메니데스

• 누가 추상적 사고의 대가인가? •

앞 장에서 우리는 '변증법'이라는 단어를 배웠다. 헤라클레이토스는, 우주는 영원히 타오르고 만물은 끊임없이 흐르며 변화한다고 주장했다. 또 사물이 대립을 통해 조화를 이루는 것, 그 대립 통일이 세상의 운동과 변화를 일으킨다는 '초기 변증법'을 제시했다.

그러나 모든 사람이 헤라클레이토스의 관점에 동의한 것은 아니다. 그와 동시대를 살던 누군가는 이렇게 말했다.

"틀렸어! 세상에 변하는 건 아무것도 없어!"

이것은 과연 무슨 논리일까? 비 온 뒤에는 하늘이 맑게 개고 무지개가 나타난다거나 어린아이가 어른으로 자라나는 것은 눈으로 직접 확인할 수 있는 변화 아닌가!

그런데 이 사람은 다음과 같이 말했다.

"당신들이 보는 모든 변화는 그저 환각일 뿐이야!"

이처럼 헤라클레이토스의 주장에 완강히 반대한 사람이 있었으니, 바로 이 장에서 소개하려는 네 번째 철학가 파르메니데스다.

파르메니데스의 일생에 대해 남아 있는 자료는 많지 않다. 파르메니데스에 관해서는 그가 이탈리아 남부 엘레아의 부유한 귀족 집안에서 태어났다는 정도만 알려져 있다. 앞에서 소개한 철학가들과 마찬가지로, 파르메니데스 역시 먹고살 걱정이 없었기 때문에 남들보다 더 많은 생각을 할 수 있었다.

파르메니데스는 엘레아학파를 창시한 인물이다. 엘레아학파는 초기 고대 그리스 철학에서 아주 중요한 학파이다. 엘레아학파는 시끄럽고 복잡한 세상 속에서 진정한 본질을 찾기 위해 줄곧 노력했다. 파르메니데스는 이러한 엘레아학파의 실질적 창시자이자 학파를 이끈 대표 철학가로서 고대 그리스 철학 사상을 크게 발전시킨 인물이다.

파르메니데스를 이렇게 평가하는 가장 큰 이유는 그가 헤라클레이토스의 학설을 완강히 부정했기 때문이다. 그는 특별히 사물이 끊임없이 변한다는 것과 대립 통일의 관점에 반대했다.

파르메니데스는 헤라클레이토스의 말처럼 어떤 존재가 대립을 통해 조화를 이룬다고 생각하지 않았다. 그 이유는 애초에 사물에 대립하는 면이 있다는 것을 인정하지 않았기 때문이다.

여기서 잠깐 이런 의문이 들 수도 있다. 우리가 겨울에 '춥다'고 느끼고, 여름에 '덥다'고 느끼는 것이 바로 대립 아닐까?

파르메니데스는 이렇게 말했다.

"아니다! '춥다'는 것은 '덥지 않다'는 의미일 뿐이다."

헤라클레이토스는 '춥다'와 '덥다'를 대립 통일의 관점으로 이해했지만, 파르메니데스는 이 세상에 대립은 존재하지 않는다고 여겼다.

파르메니데스는 세상의 근원과 근거는 바로 '존재'라고 주장했다. 그럼 존재란 무엇일까? 존재란 눈으로 볼 수 없고, 만질 수 없고, 정확히 설명할 수 없는 것이다.

파르메니데스는, '존재'는 '하나'이며 구체적으로 다음과 같은 특징을 가진다고 말했다.

첫째, 이것은 영원하고 항상 변하지 않는다.

둘째, 이것은 쪼갤 수 없는 유일한 것이다.

셋째, 이것은 움직이지 않는다.

넷째, 이것은 둥근 공 모양이다.

과연 이것은 무엇일까? 파르메니데스에게 묻는다면, 그는 이렇게 대답할 것이다.

"뭐긴 뭡니까? 바로 '존재'죠!"

어휴! 이쯤 되면 조금 화가 나는 사람도 있을 것이다. 대체 이게 무슨 말장난이란 말인가? 대체 의미가 있는 말이긴 한 걸까?

앞에서 살펴보았듯, 파르메니데스 이전의 고대 그리스 철학가들도 세상의 근원이 무엇인가에 대해 열심히 탐구하고 고민했다. 그러나 그들은 대부분 세상의 근원을 어떤 구체적인 사물에서 찾았다. 예컨대 탈레스는 만물의 근원은 '물'이라고 주장했고, 헤라클레이토스는 '불'이라고 주장했다. 피타고라스는 두 사람과 달리 만물의 근원은 '수'라고 말했는데, '수'는 '물'이나 '불'에 비해 훨씬 추상적인 편이지만 그래도 관찰과 상상을 통해 실체를 파악할 수 있다. 그러므로 탈레스든 헤라클레이토스든 피타고라스든 그들이 생각하는 세상의 근원은 최소한 눈으로 확인할 수 있는 구체적 실체였다. 하지만 파르메니데스가 말하는 '존재'란 눈으로 볼 수도 없고 손으로 만질 수도 없는 오직 이성과 논리로만 이해할 수 있는 추상적인 것이었다. 그런 의미에서 보면 파르메니데스는 직접 보고 느낄 수 있는 구체적인 사물(물, 불, 수 등)을 추상화하여 그 어떤 구체적인 사물도 가리키지 않는 '존재'라는 하나의 개념을 만든 것이다.

이것을 인식의 발달 측면에서 본다면, 인류의 대단한 진보이자 하나의 이정표를 남긴 업적이다. 이처럼 파르메니데스를 기점으로 인류의 추상적인 사고 능력은 한 단계 더 발전한다.

Lesson 2

그렇다면 파르메니데스는 세상을 어떻게 바라봤을까? 파르메니데스의 관점은 산문시 형태로 쓰인 〈자연에 관하여〉라는 저작에 대부분 담겼는데, 안타깝게도 이 작품은 거의 유실되고 일부만 남아 있는 상태다. 어쨌든 남아 있는 부분을 살펴보면 파르메니데스의 흥미로운 글쓰기 방식을 확인할 수 있다. 그는 '여신'

의 말을 빌려 자신의 의견을 전달했는데, 다시 말하면 그가 책에서 독자들에게 전하는 여신의 이야기는 사실 파르메니데스 본인의 의견이다.

파르메니데스가 세상을 어떻게 바라봤는가에 관해 여신은 이렇게 말했다.

'믿을 수 있는 것은 오직 진리뿐, 사람들의 의견은 모두 거짓이다.'

그가 말한 진리란 무엇일까? 진리는 파르메니데스가 말하는 '존재'로, '존재'야말로 세상에서 유일한 진리라고 여겼다. 그는 이 세상을 '존재'와 '현상'으로 구분했는데, '존재'는 '진리'이고 '현상'은 '의견'이다.

여기서 한 가지 알아야 할 점이 있다. 파르메니데스가 말하는 '의견'은 우리가 오늘날 사용하는 '의견'과는 의미가 조금 다르다. 오늘날 우리가 사용하는 '의견'은 좋은 의견, 나쁜 의견 등을 모두 포함한다. 하지만 파르메니데스가 말하는 '의견'은 '진리'와 상대되는 것으로, 사람이 어떤 '현상'에 대해 표출하는 아무런 의미 없는 생각이나 관점을 가리킨다. 물론 그가 말하는 이러한 '의견'에는 가치 있는 사상이 포함되어 있지 않다. 다시 말해 파르메니데스가 주장하는 '의견'이란 옳고 그름이 존재하지 않고 아무런 의미도 없는 것이므로 말해도 소용없는 말인 셈이다.

따라서 파르메니데스는 '의견의 길이 아닌 진리의 길을 가야 한다'고 주장했다.

이 점에 관해서는 고대 중국의 사상가 공자도 비슷한 이야기를 한 적이 있다. 공자는 "여럿이 종일 함께 있으면서 의로움에 대해서는 언급하지 않는다"고 사람들을 꾸짖었는데, '의로움에 대해서 언급하지 않는다'는 이 부분이 파르메니데스가 말한 '의견'과 일맥상통한다.

그렇다면 '현상'과 관련된 '의견'과 '존재'와 관련된 '진리'는 어떤 관계일까? 파르메니데스는 왜 진리의 길을 가야 한다고 주장한 걸까?

파르메니데스는 '존재'란 세상의 근원으로, 사람들이 생각해야 할 진정한 대상이라고 여겼다. 또한 '진리'란 세상의 근원에 대한 생각의 내용인데, 이거야말로 진정 가치가 있는 것이라고 말했다.

파르메니데스는 사람들이 '의견'의 길 위에서 배회하지 않고 '진리'의 길을 걸을 수 있길 바랐다. 이 말을 우리에게 조금 더 익숙한 내용으로 바꿔 설명하면 쉽게 이해할 수 있다.

'현상을 통해 본질을 꿰뚫어 본다'는 말을 한 번쯤 들어봤을 것이다. 예컨대 사과가 나무에서 떨어진 것은 현상이고, 본질은 지구에 존재하는 중력이다. 달이 밝게 빛나는 것은 현상이고, 본질은 태양으로부터 반사된 빛이다. 사람이 잠을 잘 때 꿈을 꾸는 것은 현상이고, 본질은 대뇌피질의 활동이다.

파르메니데스는 사람들이 조금 더 본질적인 문제에 초점을 맞춰 생각하기를 바랐고, 나아가 이러한 본질은 인류가 현재 인지하는 범위 내의 본질이라고 말했다.

그런데 과연 지구의 중력, 대뇌피질의 활동이 파르메니데스가 말하는 본질인 걸까? 파르메니데스의 학설은 우리가 그동안 생각하지 못한 문제를 고민하게 만든다. 과연 우리가 보는 것은 현상일까, 본질일까?

파르메니데스의 관점은 후기 고대 그리스 철학가들에게 깊은 영향을 미쳤다. 플라톤의 기록에 따르면 소크라테스는 젊은 시절 파르메니데스와 조우해 깊은 대화를 나눈 적이 있다고 한다. 플라톤의 경우 그의 '감각 세계'와 '이데아 세계'를 구분한 학설은 파르메니데스의 학설과는 개념이 다르지만, 어느 정도 영향을 받았다고 볼 수 있다.

중요한 건 파르메니데스 이후 소크라테스와 플라톤을 포함한 수많은 고대 그리스 철학가가 진리 탐구를 철학가의 가장 근본적인 의무로 생각하기 시작했다는 점이다.

철학가 헤겔은 말했다.

"진정한 철학 사상은 파르메니데스로부터 시작되었으며, 그는 철학을 사상의 영역으로 끌어올린 인물이다."

앞 장에서 언급했듯이 헤겔은 파르메니데스의 관점을 반대한 헤라클레이토스를 '철학의 진정한 시초'라고 평가하기도 했다. 물론 하나는 철학의 시초에 관한 것이고 하나는 철학 사상에 관한 것이니, 모순되는 평가는 아니다.

헤겔은 사람이 현상과 의견에서 벗어나 존재 안에 진리가 있음을 인식하는 것이야말로 사상의 영역에 들어선 거라고 생각했다.

파르메니데스는 헤라클레이토스가 주장한 대립 통일 이론에 반대했지만, 아이러니하게도 그와 헤라클레이토스의 관점이야말로 대립 통일을 보여주는 좋은 예다. 헤라클레이토스는 세상의 모순과 변화를 강조하며 세상의 '복잡함'을 보여줬고, 파르메니데스는 사물 배후에 있는 '절대적인 존재'와 '불변함'을 강조하며 세상의 '통일'을 보여줬다. 두 사람은 세상의 복잡함과 통일의 관계를 설명하는 데 서로 다른 방식을 사용한 것뿐이다.

'변증법'으로 설명이 가능한 이 두 철학가의 관점은 대립 통일을 이루어 사상의 발전을 이끌었다.

헤겔은 서양 철학사를 연구한 이후 '철학이 곧 철학의 역사'라는 의미심장한 명제를 제시했다. 서양 철학가의 생애와 그의 관점을 체계적으로 이해하고 그것들을 연결지어 생각할 수 있다면, 철학 사상을 이해하는 데도 어려움이 없을 것이다. 이를테면 '사물의 대립 통일'은 '차가운 공기와 따뜻한 공기가 만나 비를 만든다'는 예를 들어 이해할 수 있고, '사상의 대립 통일'은 헤라클레이토스와 파르메니데스의 학설을 통해 이해할 수 있다. 결국 사물의 대립 통일은 객관적인 외부 세계의 발전을 이끌고, 사상의 대립 통일은 주관적인 사상의 발전과 변화를 이끈 셈이다.

옳고 그름을 따지고 논쟁을 벌이는 것은 결코 나쁜 일이 아니다. 오히려 사상과 관념의 발전을 촉진하는 중요한 일이다.

헤겔의 명제는 이 책을 읽는 중요한 의미에 관하여 설명해준다. 이 책에는 철학가들의 이야기만 담겨 있는 것 같지만, 사실 우리는 지금 여러 철학적 관념과 이론을 함께 공부하는 중이다.

아마 많은 사람이 느꼈을 테지만 이번 장에서부터 설명하는 내용은 앞의 세 장보다 이해하기 훨씬 어려운 것들이다. 어떤 관점들은 몇 번씩 다시 읽고 반복해서 생각해봐도 쉽게 이해되지 않았을 수도 있다. 특히 파르메니데스의 학설을 단번에 이해하는 것은 결코 쉬운 일이 아니다.

그러나 이것은 우리가 서서히 철학이라는 학문에 입문하고 있다는 뜻이기도 하다. 고민하고 생각할 필요가 전혀 없다면 철학을 철학이라고 할 수 있을까?

《 파르메니데스 》

엘레아학파의 실질적인 창시자이자 학파를 이끈 대표 철학가로, 세상의 근원은 추상적인 '존재'라고 주장했다. 파르메니데스를 기점으로 인류의 추상적인 사고 능력은 한 단계 더 발전한다.

◆ **우주의 절대적인 존재**

파르메니데스의 주요 관점은 다음과 같다.

'사물은 변하지 않고 서로 대립하지도 않으며, 우주에는 절대적인 존재가 있을 뿐 만물이 변하는 것은 단지 사람들이 느끼는 환각일 뿐이다.'

파르메니데스는 사람들이 '의견의 길'이 아니라 '진리의 길'을 걸어가야 하며 더욱 본질적인 문제를 고민해야 한다고 주장했다. 이러한 주장은 훗날 '현상을 통해 본질을 꿰뚫어 본다'는 말과도 일맥상통한다.

엠페도클레스

• 세상을 구성하는 4원소 •

앞 장에서는 헤라클레이토스와 반대되는 의견을 주장한 파르메니데스에 대해 알아봤다. 그러나 파르메니데스와 헤라클레이토스의 상반된 의견은 서로 대립 통일을 구성하기 때문에 '변증법'으로 설명할 수 있고, 둘의 관점은 철학적 사상의 발전을 이끌었다.

사실 서양 철학사를 공부하다 보면 겉으로 보기에는 완전히 상반된 주장인 것 같지만, 알고 보면 대립 통일을 이루는 이론이 꽤 많다. 예를 들어 유럽의 르네상스 이후 철학은 '합리론'과 '경험론'이라는 두 가시 큰 길래로 나뉜다. '합리론'을 따르는 철학가들은 두뇌, 즉 인간의 지성을 통해 '진리란 무엇인가?'를 고민했다. 한편 '경험론'을 따르는 철학가들은 '인간이 어떻게 각종 감각을 통해 세상을 인식하는가?'에 관해 더욱 관심을 가졌다. 어떤 의미에서 보면 이것 역시 대립 통일을 이루고 있는 셈이다.

그런데 이러한 사상이 15세기 이후 갑자기 나타난 것은 아니다. 그 뿌리를 찾으려면 고대 그리스 시대의 철학으로 거슬러 올라가야 한다.

그럼 이번 장에서는 감성적 경험을 중시한 엠페도클레스를 한 번 만나보자.

Lesson 1

이야기를 시작하기에 앞서 먼저 이 질문의 답을 생각해보자.

'감성이란 과연 무엇일까?'

'감성'은 '이성'과 상대되는 개념으로, 사람은 누구나 감성적인 면을 갖고 있다. 예컨대 당신이 보드라운 털을 가진 토끼 인형을 좋아한다고 가정해보자. 이 토끼 인형은 평범한 장난감이다. 최신 전자기기처럼 좋아하는 노래를 들려줄 수도 없고, 인공지능 로봇처럼 대화를 나누거나 오늘의 날씨 같은 유용한 정보를 알려줄 수도 없다. 하지만 당신은 토끼 인형을 무척 좋아한다. 마치 그것에 생명이 있기라도 한 것처럼 늘 데리고 다니고 잘 때도 꼭 안고 자야 마음이 편안하다. 이것이 바로 감성의 표현이다.

남들보다 유난히 감성이 풍부한 사람들도 있다. 이들은 자신의 감각과 마음으로 느끼는 경험에 굉장히 민감할뿐더러 상상력이 풍부하다. 그런 만큼 신비로운 사물에 쉽게 관심을 보인다. 감성이 풍부한 사람들은 공상을 즐기고 아주 작은 일에도 쉽게 감동하며 혈액형이나 별자리에 관해 이야기하길 좋아한다. 지금 머릿속에 문득 떠오르는 친구가 있는가? 혹은 평소 자신의 모습이 떠오르는가?

고대 그리스 철학가 엠페도클레스는 바로 이렇게 풍부한 감성을 가진 사람이었다. 그는 자신의 철학 사상을 담은 저작들도 시적인 언어로 썼을 정도다. 그는 자신이 신이라고 주장한 적이 있는데, 이 점은 피타고라스의 영향을 받은 것으로 보인다. 피타고라스가 한때 자신은 전령의 신 헤르메스의 아들이라고 주장한 적이 있기 때문이다. 그뿐만 아니라 엠페도클레스는 자신이 죽는 날을 예측하기도 했다.

엠페도클레스는 이처럼 감성적인 사람이었지만, 다수의 과학적 성과를 남기기도 했다.

Lesson
2

엠페도클레스가 남긴 가장 큰 과학적 성과는 공기가 일종의 분리된 '실체'라는 사실을 발견한 것이다. 엠페도클레스가 살던 시대의 사람들은 공기를 볼 수도, 만질 수도 없는 그 무엇도 아닌 것으로 여겼다. 하지만 엠페도클레스는 이러한 의견에 반대했는데, 공기가 분명 어떤 공간을 차지하고 있다고 주장했다. 눈 앞에 물이 안 담긴 컵이 하나 있다고 치자. 사람들은 보통 이 컵이 비어 있다고 말하지만, 사실 이 컵은 정말로 비어 있는 게 아니다. 그 안에는 공기가 가득 차 있는 것이다. 단지 눈으로 볼 수 없고 만질 수 없을 뿐이다. 지금이야 이러한 인식이 당연한 것이지만, 고대에는 굉장히 신선한 발상이었다. 게다가 엠페도클레스는 말만 한 것이 아니라 직접 실험을 통해 이 사실을 증명했다. 그는 대야에 컵을 빠르게 뒤집어놓았을 때 물이 차지 않는 것을 보고는 컵 안에 공기가 들어 있다고 판단했다.

그뿐만 아니라 엠페도클레스는 원심력을 관찰하기도 했다. 그는 물이 들어 있는 컵에 끈을 묶고 끈을 잡아당겨 빠르게 회전시켰는데, 컵이 아래로 향해 있어도 물이 떨어지지 않는 것을 관찰

했다. 마치 어떤 힘이 물을 컵 안에 누르고 있는 것처럼 말이다.

엠페도클레스는 자신이 관찰하고 발견한 것에 대해 정확한 원리를 설명할 수 없었지만, 다른 사람들보다 먼저 이러한 현상에 주목했고 그것을 묘사해냈다.

엠페도클레스는 생물 진화에 관한 비교적 대담한 가설을 제시하기도 했다. 그는 최초의 세상에는 각양각색의 생물이 존재했다고 생각했다. 어떤 것은 머리는 있지만 목이 없고, 어떤 것은 등은 있지만 어깨가 없고, 어떤 것은 눈은 있지만 이마가 없고……. 이러한 생물들이 서로 결합해 새로운 생명체를 형성하기도 했는데, 무수히 많은 손이 있어 땅을 기어 다니는 것도 있고, 머리가 여러 개라 사방을 다 잘 볼 수 있는 것도 있고, 몸은 사람이지만 소의 머리를 가진 것도 있었다고 믿었다. 다만 이런 기괴한 생명체들은 환경에 적응하지 못해 도태되었고, 결국 몇몇 종만 남았다고 주장했다.

엠페도클레스의 주장은 다소 기이하지만 '환경에 적응하지 못해 도태되었다'는 발상은 다윈이 진화론에서 말한 '자연도태', '적자생존'과 같은 맥락이다. 그런데 다윈의 진화론은 엠페도클레스가 가설을 제시하고 나서 무려 2000년 뒤에 나온 것이다. 물론 다윈의 경우 다량의 연구와 증거를 기반으로 내린 결론이고, 엠페도클레스는 단지 자신이 추측한 바를 이야기한 것이다.

그럼에도 모든 생물은 신이 창조했다고 믿던 시대에 진화를 생각했다는 것은 정말 대단한 일이다.

엠페도클레스는 이처럼 세상의 다양성에 큰 관심을 가졌다. 자, 이제 고대 그리스 철학가들이 공통으로 관심을 가졌던 문제로 돌아가자. 과연 엠페도클레스는 세상의 근원이 무엇이라고 생각했을까?

Lesson
3

엠페도클레스는 이전의 철학가들과 달리 세상이 한 가지 이상의 근원으로 이루어졌다고 생각했다. 그는 이 세상이 다채롭고 활력 넘치는 이유는 세상이 여러 근원으로 이루어졌기 때문이라고 믿었다. 엠페도클레스는 우주가 물·공기·불·흙 네 가지 근원으로 이루어졌고, 각종 사물 안에는 이 네 가지 원소가 각기 다른 비율로 섞여 있다고 주장했다. 이 네 가지 원소는 무수히 많은 종류의 비율로 구성될 수 있기 때문에 갖가지 사물이 만들어질 수 있는 것이다.

그럼 그의 주장을 바탕으로 한번 생각해보자. 하늘의 구름은 물과 공기가 차지하는 비중이 크고 불과 흙은 적다. 아름다운 꽃은 흙과 물이 차지하는 비중이 크고 불과 공기는 적다. 또 화산이 분출할 때 나오는 마그마는 흙과 불이 대부분이고 물과 공기가 차지하는 비중은 적다.

이렇게 보면 엠페도클레스의 학설은 세상에 다양한 만물이 존재하는 원인을 설명한다. '4원소설'이라고 불리는 그의 이론은 훗날 위대한 철학가 아리스토텔레스에 의해 더욱 확장되어 서양 철학 및 의학에 큰 영향을 미쳤다.

그럼 이쯤에서 '엠페도클레스가 관찰력이 뛰어난 것 외에는 특별한 점이 없는 거 아니냐?'라고 생각하는 사람도 있을 것이다. 게다가 이러한 관찰력은 그에게만 있는 특별한 능력이 아니지 않나? 그렇다. 앞에서 살펴봤듯이 탈레스는 뛰어난 관찰력으로 홍수가 지나간 다음에 흙의 변화를 살펴봤고, 피타고라스는 풍부한 상상력으로 우주가 다양한 소리로 가득 차 있다고 주장했다.

그럼 엠페도클레스에게는 어떤 특별한 점이 있는 걸까? 왜 그는 과학자가 아닌 철학가로 분류되는 것일까?

그 이유는 엠페도클레스가 '사람이 세상을 어떻게 인식하느냐'는 문제에 대해 설명하려고 했기 때문이다.

Lesson 4

엠페도클레스는 고대 그리스 시대에 이 문제를 가장 진지하게 고민한 철학가다. 그는 세상의 근원으로 네 가지 원소를 제시했고, 사람들은 이를 '4원소설'이라고 불렀다. 엠페도클레스는 사물이 만들어지고 소멸하는 것은 물, 공기, 불, 흙이라는 네 가지 원소가 결합하고 흩어지는 과정이라고 생각했다. 하지만 이러한 주장에는 한 가지 문제가 있었다.

네 가지 원소는 자유의지가 없기에 스스로 결합하고 흩어질 수 없고, 반드시 어떤 힘이 작용해야 한다는 것이었다. 그렇다면 과연 어떤 힘이 원소를 결합시키고 흩어지게 할 수 있을까?

엠페도클레스의 대답은 '사랑'과 '다툼'이었다. 자, 어떤가? 이 장의 도입부에서 엠페도클레스가 굉장히 감성적인 사람이라고 하지 않았던가!

엠페도클레스는 '사랑'이 네 원소를 결합시키고, '다툼'이 흩어 지게 한다고 믿었다. 예컨대 씨앗이 싹을 틔우고 꽃을 피우며 열 매를 맺는 것은 '사랑'의 힘이 토양, 햇볕, 공기, 수분 속의 네 원 소를 결합시키는 것이고, 반대로 잎이 떨어지고 과일이 부패할 때는 '투쟁'의 힘이 이러한 물질을 토양과 공기 중으로 흩어지게 하는 것이다. 또 하늘의 구름이 비가 되거나 화산 속의 마그마가 식으면 바위가 되는 것처럼 사물은 끊임없이 변하고 각각의 실 체는 아주 잠시 존재하지만, 그것을 구성하는 네 가지 원소와 배 후의 '사랑' 그리고 '다툼'이라는 힘은 영원하다.

그는 '사랑'과 '다툼'이라는 힘이 사물의 형성과 소멸을 주관할 뿐만 아니라 인류 사회의 발전 역시 이 두 가지 힘의 지배를 받 는다고 말했다. 고대 그리스 신화 속 황금시대에 관하여 들어본 적 있을 것이다. 올림포스의 신들이 처음으로 인류를 창조했을 때 사람들은 아무런 근심 걱정도 없고 분쟁도 없는 편안한 삶을 살았다. 엠페도클레스는, 황금시대에는 '사랑'의 힘이 크게 작용 하고 '다툼'의 힘은 미미했다고 말한다. 하지만 인류 사회가 언 제까지나 변함 없이 유지되는 것은 아니었고, '사랑'과 '다툼'의 힘이 서로 힘겨루기를 하면서 황금시대와 암흑시대가 교차하며 나타났다. 엠페도클레스는 세상이 명확한 목적에 따라 변하는 것이 아니라 필연과 임의적인 힘의 작용에 따라 끊임없이 변한다고 생각했다.

그러면 사람은 세상 만물을 어떻게 인식할까? 엠페도클레스는 사람이 각종 사물을 접했을 때 감각을 느끼는 것은 사람의 감각기관 안에 물, 공기, 불, 흙 등 네 가지 원소가 들어 있기 때문이라고 주장했다. 그는 말했다.

"눈 안에는 불이 있고 불 주변으로 흙과 공기가 있다. 눈의 구조가 매우 정밀하기 때문에 불이 등 안의 빛처럼 흙과 공기를 통과할 수 있는 것이다. 눈 안에는 불과 물 각각의 통로가 있으며 그것들이 교차해서 배열되어 있다. 불의 통로를 통과할 때는 밝은 대상을 볼 수 있고, 물의 통로를 통과할 때는 어두운 대상을 볼 수 있다."

엠페도클레스는 사물을 구성하는 네 가지 원소 물·공기·불·흙은 모두 밖으로 미립자를 방출할 수 있고, 이러한 미립자들이 눈 속에 대응하는 통로를 따라 흘러 들어가면 우리가 눈으로 사물을 볼 수 있게 된다고 말했다. 사람들은 이를 '방출흡수설'이라고 불렀다.

간단히 말해 세상 만물은 물·공기·불·흙의 미립자를 끊임없이 방출하고, 사람의 눈에는 각각의 원소가 방출한 미립자를 흡수하는 수신기가 있다는 의미다. 즉, 한쪽에서 입자를 발사하면 다른 한쪽에서 이를 수신하는 방식으로 세상을 감지할 수 있는 것이다.

그런데 과연 이것은 시각에만 해당하는 이론일까? 물론 다른 감각들도 같은 원리로 작용한다. 미각, 후각, 청각, 촉각을 담당하는 입, 코, 귀, 피부의 감각기관에도 네 가지 원소에 대응하는 통로가 존재한다. 예컨대 향기로운 백합 향기를 맡았다고 치자. 백합을 구성하는 각종 입자가 사람의 눈과 코에 도달해 대응하는 통로를 찾아 카드를 찍고 '삐' 소리와 함께 통과하면 감각기관이 이를 인지해 색을 보고 향을 맡는다.

엠페도클레스의 설명은 상당히 상세하지만, 과학적 소양이 높은 현대인들의 눈에는 허술해 보일 수밖에 없다. 그로부터 100년 후 아리스토텔레스는 한 가지 의문을 제기했다.

"물체의 입자가 사람의 눈으로 흘러 들어가 사물을 볼 수 있는 것이라면, 어째서 어둠 속에서는 사물을 볼 수 없는 걸까?"

현대 과학에서는 눈이 사물을 보는 것은 굉장히 복잡한 생물학적 과정이라고 말한다. 간략히 설명하면 물체가 반사하는 빛이 안구로 들어가 망막을 자극하고 물체의 상을 형성해 물체가 눈에 보이게 되는 것이다. 하지만 그럼에도 엠페도클레스의 이론은 '사람'에 주목했다는 점에서 중요한 의미를 지닌다. 엠페도클레스 이전의 철학가 대부분은 자연 세계에 더 큰 관심을 가졌고, 사람 혹은 영혼을 언급하더라도 단순히 세상의 일부분으로 연구했을 뿐이다. 그러나 엠페도클레스는 '사람'을 관찰자로, 세상 만물과 구분하여 생각했다.

물론 엠페도클레스 역시 사람이 세상을 보고 느끼는 방식에 대해 언급했을 뿐 아직은 사람을 '생각하는 존재'로 여기지는 않았다.

'사람'이라는 생각의 주체에 대한 연구는 엠페도클레스 이후 많은 철학가에 의해 이루어졌다. 그 내용은 뒤에서 자세히 살펴볼 것이다.

《 엠페도클레스 》

고대 그리스 철학가로, 그는 컵을 물속에 빠르게 뒤집어 넣고는 물이 컵 안에 차오르지 않는 현상을 보고 '공기는 분리된 실체' 라고 주장했다.

◆ **4원소설**

엠페도클레스는 '4원소설'을 최초로 제기한 철학가다. 그는 물, 공기, 불, 흙이라는 네 가지 원소가 각기 다른 비율로 사물을 구성하며 '사랑'과 '다툼'의 힘이 원소를 결합시키고 흩어지게 한다고 주장했다. 그의 이론은 이후 서양 철학과 의학에 큰 영향을 미쳤다.

◆ **방출흡수설**

엠페도클레스는 사물의 네 가지 원소가 미립자를 방출하고 사람이 눈, 코, 귀 등 감각기관을 통해 이를 흡수함으로써 각종 사물을 보고, 냄새를 맡고, 소리를 들을 수 있다고 주장했다.

06
아낙사고라스
• 만물의 씨앗 •

앞 장에서는 관찰력이 뛰어나고 풍부한 감성을 가진 엠페도클레스에 대해 알아봤다. 이 장에서 소개할 철학가는 엠페도클레스와 아주 밀접한 관련이 있는 인물이다. 두 사람은 모두 엘레아학파 구성원으로, 선후배 같은 사이였다. 엘레아학파는 파르메니데스가 창시한 철학학파다. 파르메니데스는 세상이 끊임없이 변한다는 헤라클레이토스의 주장에 반대하면서 세상은 변하지 않는다고 여겼다. 한편 엠페도클레스는 '어떤 것은 변하고 어떤 것은 변하지 않으며 세상은 다원적이다'라는 절충된 주장을 내놓았다.

이러한 엠페도클레스보다 한 단계 더 멀리 생각한 인물이 있다. 그가 바로 이 장에서 소개할 철학가 아낙사고라스다.

아낙사고라스를 본격적으로 소개하기 전에 밀레투스학파에

관한 이야기를 먼저 해야겠다. 밀레투스학파의 창시자를 아직 기억하는가? 그렇다. '고대 그리스 철학의 기원'으로 불리고 '만물의 근원은 물'이라고 주장한 탈레스다.

아낙사고라스는 엘레아학파에 속하지만, 그는 한때 밀레투스학파의 대표 철학가 아낙시메네스의 제자였다. 아낙시메네스는 탈레스의 제자인 아낙시만드로스의 제자인데, 탈레스·아낙시만드로스·아낙시메네스는 밀레투스학파의 3대 철학가로 불린다.

탈레스는 세상의 근원은 물이라고 주장했고, 제자 아낙시만드로스는 만물의 근원을 '아페이론(apeiron)'이라고 주장했다. 사람들은 이것을 '무한자'라고 해석했는데, 형태나 성질이 고정되어 있지 않고 한계가 없는 사물을 의미했다. 탈레스의 손자뻘 제자인 아낙시메네스는 만물의 근원은 '공기'라고 주장하며 세상 만물은 모두 공기로 만들어지는 것이라고 했다. 불은 공기가 희박해진 상태이고, 공기가 응축되면 처음에는 물이 되고, 더욱 응축되면 흙이 된다고 말했다. 그는 심지어 영혼도 공기라고 생각했다.

이런 밀레투스학파와 엘레아학파 사이에는 첨예하게 대립하는 관점이 한 가지 있었다. 전자는 세상의 근원은 단일하지만 변화하며 움직이는 것이라 생각했고, 후자는 세상의 근원은 절대 변하지 않는다고 생각한 것이다.

아낙사고라스는 엘레아학파에 속하지만, 한때 밀레투스학파에서 공부했으므로 관점이 서로 다른 두 학파를 모두 경험한 셈이다. 그렇다면 그는 세상의 근원에 대해 어떤 관점을 갖고 있었을까?

아낙사고라스는 밀레투스학파와 엘레아학파의 학설을 통합해 자신만의 관점인 '씨앗 이론'을 제시했다.

Lesson
2

앞서 엠페도클레스는 세상에 네 가지 원소가 존재한다고 주장했지만, 아낙사고라스는 세상에는 무수히 많은 원소가 존재하며 그것들을 만물의 '씨앗'이라고 부른다고 말했다.

아낙사고라스는 만물은 끝없이 분할할 수 있고 아무리 작은 입자 속에도 각종 씨앗이 들어 있다고 생각했다. 그러나 사람들 눈에는 사물의 특정한 성질만 보일 뿐이다. 물은 물이고, 불은 불일 뿐 그 누구도 물 속에 불이 있거나 불 속에 물이 있다고 생각하지 못한다.

그렇다면 아낙사고라스는 이 점을 어떻게 해석했을까? 그는 어떤 사물에 특정 씨앗이 점유하는 비중이 크면, 그 씨앗의 특징이 드러난다고 말했다. 예컨대 물방울을 본다는 것은 그 안에 물의 씨앗이 가장 많이 들어 있다는 의미다. 하지만 이 물방울 안에는 물만 있는 것이 아니라 다른 여러 종류의 씨앗도 들어 있다. 심지어 완전히 대립하는 성질의 불의 씨앗까지도 말이다.

여기까지만 살펴보면 아낙사고라스의 관점이 엠페도클레스의 관점과 큰 차이가 없는 것처럼 보인다. '원소'를 '씨앗'으로 표현하고 네 가지 원소가 아니라 무수히 많은 씨앗이 존재한다고 말한 차이밖에 없는데, 과연 이것을 다른 관점이라고 말할 수 있는 걸까?

자, 너무 조급하게 생각하지 말자. 다음 내용을 살펴보면 두 사람의 관점이 어떻게 다른지 이해할 수 있다.

엠페도클레스는 사람이 어떻게 세상을 감지하는가에 관해 다음과 같이 설명했다.

"물체의 원소가 방출하는 미립자들이 눈으로 흘러 들어가 눈에 있는 동종 원소의 통로에 닿으면 물체를 볼 수 있고, 물체의 원소와 감각기관의 수신기는 서로 일대일 대응한다."

엠페도클레스를 높이 평가하는 이유는 그가 '사람'을 세상의 주체로 인식했기 때문이다. 하지만 그는 자신의 학설에서 사람의 감각기관을 네 개의 채널을 가진 기계에 비유했고, 기타 고등동물들과 비교해봐도 사람만이 가진 특별한 점을 찾아보기는 힘들다. 기계는 죽은 것이며 설정된 대로만 작동할 수 있다. 예컨대 에어컨 리모컨으로 TV를 켜려 하면 말을 듣지 않을 것이다. 에어컨 리모컨으로는 에어컨만 작동시킬 수 있고, TV는 에어컨 리모컨에 있는 수신기와 대응하지 않기 때문이다.

그러나 아낙사고라스의 생각은 달랐다. 그는 사람의 감각기관은 대응하는 '수신기' 없이 각종 '씨앗'을 받아들일 수 있다고 주장했다. 어떤 의미에서 보면 만능 리모컨인 셈이다.

눈앞에 있는 빵을 봤을 때는 우리 눈이 빵의 씨앗을 느낀 것이고, 빵을 먹었을 때는 혀가 빵의 씨앗을 느낀 것이다. 다시 말해 무엇이든 수신기의 도움 없이 느끼고 받아들일 수 있다는 의미다.

아낙사고라스는 세상을 대면하는 주체는 사람이라고 생각했다. 사람은 갖가지 부품으로 조립된 정밀한 기계가 아니라 세상을 직접 인식하고 주관적인 의식을 갖고 있는 존재다. 즉, 아낙사고라스의 관점에서 보면 사람은 객관적인 사물과 구분되는 주관적이고 능동적인 존재인 것이다.

엠페도클레스가 사람을 '관찰자'로 보고 세상 만물과 구분하여 생각했다면, 아낙사고라스는 한 단계 더 나아가 사람의 능동성을 객관적인 사물과 확실히 구분했다. 두 사람의 관점은 바로 이러한 점에서 확연히 갈린다.

이제 또 다른 문제를 따져보자. 엠페도클레스는 세상의 변화와 운동을 이끄는 힘이 '사랑'과 '다툼'이라고 주장했는데, 이러한 힘이 어떻게 생기는지는 설명하지 않았다. 과연 아낙사고라스는 이 문제를 어떻게 해결했을까?

아낙사고라스는 '누스(nous)'라는 새로운 개념을 제시했다. 누스는 그리스어로 '정신'이라는 뜻인데, '이성'이라는 의미로 확장해 사용하기도 한다. 어떤 사람들은 누스를 '마음'으로 해석하기도 하고, 또 어떤 사람들은 이 단어가 가진 특별한 의미를 보존하기 위해 그대로 음역하기도 한다. 어떤 의미에서 보면 누스는 사람의 '영혼'이라고 이해할 수 있다.

누스는 일반 사물과는 달리 안에 아무것도 없으며 다른 사물과 섞이지도 않는다. 아낙사고라스는 각종 운동의 원인을 누스에서 찾았다. 최초의 우주는 무궁무진한 작은 '씨앗'들로 만들어진 혼합체였다. 이 원시적인 혼합체는 누스의 힘을 받아 움직이기 시작해 점점 크게 확대되고 해와 달과 별, 하늘과 바다가 생겨났다. 짙고 차갑고 습하고 어두운 물질들은 모여서 땅이 되고, 희박하고 뜨겁고 건조하고 밝은 물질들은 모여서 하늘이 되었다. 이렇게 해서 질서 있는 우주가 만들어지게 된 것이다.

그럼 엠페도클레스가 말한 '사랑'과 '다툼'의 힘은 어디에서 오는 걸까? 아낙사고라스는 모두 누스, 즉 '정신'으로부터 생겨난다고 생각했다. 누스는 각종 미세한 '씨앗'들을 결합하여 해와 달과 별을 탄생시켰을뿐더러 만물의 무한한 변화를 이끈다. 아낙사고라스는 우리의 과거와 현재, 미래는 모두 누스의 주관 아래 있다고 주장했다.

아낙사고라스가 제시한 누스는 사람의 정신과 밀접한 관련이 있기 때문에 때로는 '유심론'으로 불린다. 그러나 여기에서 유심

론은 부정적인 의미로 쓰인 것이 아니다. 오히려 아낙사고라스가 제시한 누스는 만물이 끝없이 분할할 수 있음을 강조했다는 점에서 훗날 '원자론적 유물론'의 기반을 제공하기도 했다. 다만 아낙사고라스는 만물의 모든 변화와 움직임을 누스로 해석했을 뿐, 누스 자체의 힘이 어디에서 비롯되는지 설명하지 않았다. 그래서 소크라테스, 플라톤, 헤겔에 이르기까지 많은 철학가가 누스를 정신적인 실체로 해석했고 유심론과 관련된 용어로 정의하게 된 것이다.

Lesson 5

사람이 일단 '만물은 신이 창조한 게 아니라 기본적인 원소에 의해 창조된 것'이라는 사실을 인식하면 사물을 점점 더 이성적으로 바라보게 된다.

철학가이자 자연과학자인 아낙사고라스 역시 그랬다. 물론 아낙사고라스가 주장한 관점과 이론이 오늘날 살펴보면 모두 정확한 것은 아니지만, 그가 살던 시대에는 굉장히 혁신적인 것들이었다.

예컨대 그는 태양이 사실은 뜨겁게 불타고 있는 물체이고, 심지어 빨갛고 뜨거운 바위라고도 했다(하지만 태양이 그리스보다 조금 크다고 생각했다). 또 운석은 지구 밖에서 날아오는 돌이라고 주장 했고(단지 그 돌이 태양에서 떨어지는 것이라고 생각했다), 달은 지구와 같은 행성이며 위쪽에 산골짜기가 있다고 말했다(그는 달에도 사람이 살고 있을 거라고 생각했다).

그 밖에도 당시로서는 정말 대단한 관점들을 제기했다. 그는, 번개는 구름과 구름 사이의 마찰이 생길 때 나타나는 현상이라고 말했다. 달빛은 달이 태양의 빛을 반사한 것이고, 일식과 월식은 달이 지구를 가리거나 지구가 달을 가려서 생기는 것뿐이라고 주장했다.

이처럼 아낙사고라스는 과학적인 시각으로 인류가 살아가는 세상을 자세히 관찰했다. 하지만 당시 이러한 행위는 굉장히 위험한 것으로 간주되었다. 그 이유는 대부분의 사람이 이러한 현상 뒤에는 오직 한 가지 힘, 바로 신의 힘만 존재한다고 믿었기 때문이다. 아낙사고라스의 관점들은 그들이 굳게 믿는 신의 힘을 완전히 부정하는 것이었다. 그 때문인지 이후 아낙사고라스의 운명은 비참했다. '신을 경외하지 않는다'는 죄명으로 아테네에서 쫓겨난 그는 말년에 은둔생활을 해야 했다.

철학가들의 탐구와 생각을 통해 내린 결론이 언제나 옳은 것은 아니지만, 그들은 포기하지 않고 거듭 생각했다. 이러한 생각들은 그들이 살던 시대의 문명과 과학 기술 수준보다 훨씬 앞서 나가고 일반 사람들의 경지를 뛰어넘는 것들이었다. 당시로서는 시대적 도리에 어긋나 보이기도 하고 오늘날 봤을 때는 다소 황당해 보이는 관점들도 있지만, 바로 이러한 것들이 지금껏 과학 기술의 발전과 인류의 인지 발달을 이끌었다.

정리해보면 최초의 철학가 탈레스부터 아낙사고라스까지 세상의 근원에 대한 인식은 '물' 혹은 '불'이라는 단일 원소에서 '네 가지 원소'와 '씨앗 이론'으로 점점 더 복잡하게 다원화되고 있는 것을 볼 수 있다.

여러 사상이 서로 격렬하게 부딪칠 때 문제의 본질은 수면으로 떠오르게 마련이다. 과연 앞으로는 어떤 일이 펼쳐질까? 관찰자의 눈으로 계속 살펴보자.

《 아낙사고라스 》

엘레아학파의 철학가이지만 한때 밀레투스학파에서 공부했고
두 학파의 사상을 융합해 '씨앗 이론'을 제시했다. 그는 과학적
인 시각으로 인류가 살아가는 세상을 관찰했고, 신에 대한 맹목
적인 환상을 깨뜨렸다.

◆ 씨앗 이론

아낙사고라스는 세상에 무수히 많은 원소가 존재한다고 주장했는데, 이것을 사물의 '씨앗'이라고 불렀다. 만물은 모두 끝없이 분할할 수 있고 아무리 작은 입자 속에도 각종 씨앗이 들어 있다. 하지만 사람들 눈에는 사물의 특정한 성질만 보인다. 물은 물이고, 불은 불이고, 물 속에 있는 불이나 불 속에 있는 물은 보지 못한다.

◆ 사람은 어떻게 씨앗을 느끼는가?

아낙사고라스는 사람이 만물의 씨앗을 보고 느끼는 데는 특별한 수신기가 필요 없으며 사람이 직접 주체가 되어 받아들인다고 여겼다. 이 점은 앞 장에서 소개한 엠페도클레스의 관점과 가장 큰 차이가 나는 부분이기도 하다.

◆ 누스

아낙사고라스가 주장한 누스는 '정신'으로 해석할 수 있는데, 그는 누스를 각종 움직임의 원인이라고 생각했다. 이 이론은 거대한 우주의 생성과 움직임에도 적용할 수 있다.

07
데모크리토스
• 원자를 발견한 예언가? •

이 장을 시작하기에 앞서 그동안 배운 내용들을 간략히 되짚어보자. 헤라클레이토스는 세상의 변화를 강조했고, 파르메니데스는 세상의 통일을 강조했다. 엠페도클레스와 아낙사고라스는 파르메니데스와 마찬가지로 엘레아학파에 속했다. 엠페도클레스는 물, 공기, 불, 흙이라는 네 가지 원소가 서로 다른 비율로 각각의 만물을 구성한다는 '4원소설'을 주장했다. 아낙사고라스는 만물은 무수히 많은 작은 '씨앗'들로 구성되어 있고 사람의 감각기관이 이 씨앗들을 접촉함으로써 사물을 인지하고 느낄 수 있다는 '씨앗 이론'을 주장했다. 엠페도클레스와 아낙사고라스는 '하나'와 '여럿'의 관계를 해석하는 데에서 세상의 다양성을 특별히 중시했고 사람의 주체성을 강조했다.

이번 장에서 소개할 철학가는 이성을 통해 세상의 다양성과 통일성의 관계를 이해하고 싶어 했다. 전해지는 이야기에 따르면 그는 외부 사물에 대한 감성이 자신의 이성적인 사고를 방해할까 봐 스스로 제 눈을 못 보게 만들었다고 한다. 이 열성적인 철학가의 이름은 바로 데모크리토스다.

Lesson 1

데모크리토스의 철학 사상을 이해하려면 그의 스승인 레우키포스에 대해 먼저 살펴봐야 한다.

레우키포스는 밀레투스에서 태어났다. 어? 어디에서 많이 들어본 지역 아닌가? 그렇다. 밀레투스는 바로 탈레스의 고향이기도 하다. 레우키포스는 밀레투스학파의 학설을 계승했을 뿐만 아니라 엘레아학파의 영향도 많이 받았다. 파르메니데스가 주장한 추상적인 '존재', 엠페도클레스의 '4원소설', 아낙사고라스의 '씨앗 이론' 모두 그의 사상에 깊은 영감을 줬다.

데모크리토스는 그의 스승 레우키포스와 함께 새로운 학설인 '원자론'을 제시했다. 그들은 세상 만물이 쪼개질 수 없는 원자로 구성되어 있다고 생각했다.

학교에서 화학과 물리학을 공부했다면 원자에 대해 한 번쯤 들어본 적 있을 것이다. 현대 화학에서 원자의 개념은 화학반응이 일어날 때 쪼개질 수 없는 최소 입자로 가장 기본적인 물질을 가리킨다. 한편 물리학에서 원자는 원자핵과 전자로 쪼개질 수 있다고 말한다. 그러므로 데모크리토스가 제시한 '쪼개질 수 없는 원자'란 오늘날 화학에서 말하는 원자의 개념에 더 가까운 것이다.

고대 그리스 시대에 현대 과학에서 다루는 원자의 개념과 구조를 이해하고 있다니, 정말 대단한 스승과 제자 아닌가?

하지만 꼭 그런 것만은 아니다. 과학자들은 한 가지 학설을 제시하려면 관찰은 기본이고 사실을 세세히 증명해야 한다. 예컨대 직접 관찰할 수 있는 사물을 내놓거나 아니면 그것을 증명할 여러 증거를 제시해야 한다. 그러나 철학자들은 증거를 제시할 필요가 없고 인류와 세상을 바라보는 방법과 원칙을 제공하기만 하면 된다.

이런 점에서 철학자의 학설은 과학적인 관찰을 바탕으로 나온 것이라고 보기 어렵다. 하지만 이러한 학설은 과학자들의 탐구

영역을 확장하는 데 도움을 줄 수 있다. 예를 들어 세상에 대한 전면적인 이해가 부족했던 고대로부터 시대가 점점 발전함에 따라 사람들은 이러한 문제에 관심을 갖기 시작했다.

'물체를 구성하는 가장 작은 입자는 무엇일까? 그보다 더 작은 물질이 존재할까?'

이러한 문제의 답을 찾는 데에서 철학가들의 역할이 '생각하고 가설을 제시하는 것'이라면, 과학자들의 역할은 '실험과 증명을 하는 것'이다.

Lesson 2

데모크리토스는 스승인 레우키포스의 '원자론'을 한 단계 더 발전시킨 인물이다. 그는 모든 만물은 원자로 구성되어 있고, 원자란 쪼개질 수 없는 미립자로 원자의 수는 무수히 많다고 생각했다. 그 시대에 이런 학설을 제기했다는 것은 정말 대단한 일이라는 걸 알아야 한다. 또 그는 원자와 원자 사이의 틈을 '허공'이라 불렀다. 또한 세상은 원자와 허공으로 구성되어 있으며, 허공은 원자가 운동하는 공간이라고 주장했다.

그럼 원자의 운동은 어떻게 일어나는 것일까? 아낙사고라스가 말한 '누스'는 '씨앗'을 움직이는 힘이었다. 즉, 씨앗은 스스로 움직이는 것이 아니라 누스의 통제를 받는 것이다. 그렇다면 과연 누스를 움직이게 하는 힘은 무엇일까?

데모크리토스는 '원자' 자체의 특성을 들어 원자의 운동을 설명했다. 그는 원자가 위에서 아래로 떨어질 때 무거운 원자가 가벼운 원자를 따라가는데, 이 과정에서 원자끼리 충돌이 일어나면서 운동의 방향이 바뀌거나 회전한다고 말했다. 그리고 원자의 이러한 운동이 사물의 운동과 변화를 일으킨다고 했다.

그럼 원자의 운동은 우연일까, 필연일까? 데모크리토스는 원자의 충돌과 회전을 일으키는 것이 무엇이라고 생각했을까? 그렇다. 바로 서로 다른 원자의 중량이다. 한편 각종 원자의 중량은 임의로 바뀌는 것이 아니므로 데모크리토스는 사물의 필연성을 강조한 것으로 보인다. 다시 말해 비바람이 불거나, 음식을 먹거나, 아들 혹은 딸을 낳는 등 실생활의 모든 것은 사전에 모두 정해져 있다는 의미다.

데모크리토스는 이처럼 자신의 '원자론'에 무한한 애정을 갖고 있었다. 그는 원자론을 통해 우주의 형성뿐만 아니라 사람의 생각까지도 설명할 수 있다고 믿었다. 그는 사람의 영혼도 원자로 만들어진 것이므로 생각의 과정도 정해진 규칙을 따른다고 말했다. 즉, 사람의 생각은 원자가 어떤 형태로 구성되느냐에 따라 결정된다는 뜻이다.

　한 가지 주목할 점은 데모크리토스의 학설에는 '신'이 등장하지 않는다는 것이다. 그는 지식이 부족하면 세상의 근원(그가 말한 원자 등)을 이해하지 못하기 때문에 기이한 자연 현상에 대한 막연한 두려움을 갖게 되고, 이런 우매한 사람들만이 모든 걸 신이 창조한 것으로 믿는다고 생각했다. 그는, 신은 존재하지 않으며 하늘과 땅 사이에는 오직 원자와 허공만이 존재한다고 주장했다.

　데모크리토스가 사물의 객관적인 규칙을 강조했기 때문에 그를 최초의 유물론자로 보기도 한다.

Lesson
3

　많은 사람이 대표적인 유물론자로 마르크스를 꼽는다. 그런데 이 마르크스의 관점에서 보면 데모크리토스의 학설은 단지 기계적인 유물론에 불과하다. 마르크스는 자신의 박사 논문에서 데모크리토스와 또 다른 그리스 철학가인 에피쿠로스의 철학 사상을 비교했다. 데모크리토스가 주장한 원자의 세계에는 한 가지 명확한 특징이 있는데, 바로 모든 일이 우연이 아닌 필연으로 일어난다는 것이다. 마르크스는 이러한 원자의 세계는 자유롭지 않다고 여겼다. 반대로 에피쿠로스의 학설에는 원자가 간혹 사선 운동을 한다고 나와 있었는데, 마르크스는 이러한 필연성 이외의 사선 운동을 '자유'라고 생각했다.

그러나 단순히 기존의 규칙을 깨뜨렸다고 해서 자유롭다고 말한 것은 아니다. 마르크스가 말한 자유는 일종의 가능성으로, 원자의 '자아의식'이자 세상이 발전하고 변하는 진정한 동력이다. 그는 세상의 발전과 변화는 미리 정해져 있는 것이 아니라고 주장했다.

이쯤 되면 어떤 학설에 손을 들어줘야 할지 고민되는 사람도 있을 것이다. 하지만 여기 나오는 철학가들이 실제로 원자에 대해 토론을 했다거나 우주의 모습을 묘사한 것은 아니라는 사실을 기억해야 한다. 이들은 단지 '원자'라는 개념을 빌려 자신의 학설을 주장했을 뿐이다.

데모크리토스가 살던 시대는 진정한 의미의 현대 과학이 탄생하기 훨씬 전이었고, 첨단 관측 설비는 물론 제대로 된 실험 방법도 없었다. 그럼에도 데모크리토스의 학설은 현대 과학의 발견과 일치하는 부분이 많다. 그가 주장한 원자론은 후대의 과학자들에게 많은 영감을 줬고, '원자'라는 단어를 물질 구성의 최소 화학 단위를 나타내는 데 그대로 사용했다. 그 시대에 어떻게 이런 생각을 모두 해냈는지 정말 신기할 따름이다. 데모크리토스가 예언가였기 때문이 아니라 철학과 과학이라는 학문이 방법은 달라도 결국 같은 결론에 도달하기 때문일 것이다.

Lesson 4

마지막으로 데모크리토스의 생애를 통해 조금 더 그를 이해해보자.

데모크리토스는 그리스 북동부 아브데라에서 부유한 상인의 아들로 태어났다. 그는 어려서부터 신학과 천문학을 접했고 동양 문화에도 관심이 깊었다. 그는 상상력을 키우기 위해 황량한

곳을 걸어 다니거나 혼자 묘지를 찾아가기도 했다.

데모크리토스는 성인이 된 이후로는 방방곡곡으로 여행을 다녔다. 그는 아테네에서 철학을, 이집트에서 기하학을 공부했다. 또한 나일강 상류에서 관개 시스템을 연구했다. 그는 승려들이 거주하는 사원에서 별을 관찰하는 법과 일식을 예측하는 법을 공부하기도 했다. 그는 논리학, 물리학, 수학, 천문학, 동식물학, 의학, 심리학, 윤리학, 교육학, 수사학, 군사학 등 다양한 학문을 두루 섭렵했을 뿐만 아니라 음악가, 화가, 조각가, 시인으로서도 뛰어난 재능을 보였다.

데모크리토스는 여행을 통해 견문을 쌓고 다양한 지식을 습득하기 위해 자신의 두 형제와 재산을 나누고 고향을 떠났다. 그때 그는 삼 형제 중 재산을 가장 적게 가져갔는데, 대략 100달란트(고대 그리스의 화폐 단위)였다고 한다. 그는 이 돈으로 그리스 전역과 이집트, 바벨론 평원뿐만 아니라 가장 먼 남쪽으로는 에티오피아, 동쪽으로는 인도까지 여행을 다녔다. 그리고 페르시아에 가서는 점성학자들과 어울려 지내기도 했다.

데모크리토스는 돈이 다 떨어질 무렵 자신의 고향 아브데라로 돌아왔다. 하지만 그는 곧바로 재판에 넘겨졌다. 아브데라에서는 조상의 돈을 탕진하고 일을 하지 않는 사람은 추방하고 죽어서도 돌아오지 못하게 한다는 법이 있었기 때문이다.

데모크리토스는 법정에서 자신을 이렇게 변호했다.

"저는 이 지구상의 대부분을 여행하며 제가 갈 수 있는 가장 먼 곳까지 다녀왔습니다. 저는 여기 계신 여러분보다 훨씬 더 많은 땅과 나라를 직접 눈으로 보았고 최고의 학자로부터 강의도 들었습니다. 저는 기하학 도형을 그리고 증명할 수 있고, 이집트에서 토지를 측량하기도 했습니다. 그 누구도 저보다 이 일들을 훌륭하게 해낼 사람은 없습니다."

그런 다음 그는 자신이 쓴 책(후대 사람들은 이 책이 〈대우주론〉일 것이라고 짐작했다. 데모크리토스는 52권의 책을 썼지만, 대부분 유실되었고 몇몇 책의 일부만 남아 있다)을 읽기 시작했다.

데모크리토스의 적극적인 자기변호와 그가 쓴 책 내용을 들은 사람들은 크게 감동했다. 재판장은 그에게 무죄를 선고하고 훌륭한 작품을 쓴 것에 대해 500달란트의 상금을 내렸다. 그가 고향을 떠날 때 수중에 갖고 있던 재산의 다섯 배나 되는 큰돈이었다.

이후 아브데라에는 데모크리토스의 동상이 세워졌다. 그가 죽었을 때는 성대한 장례식이 치러졌다.

이처럼 훌륭한 업적을 남긴 철학가들은 작은 방 안에 혼자 앉아 생각하기보다 더 넓은 세상으로 나가 여행하며 직접 보고 느끼고 공부했다. 그들은 여행하면서 끊임없이 생각했고 이러한 생각의 결과를 바탕으로 새로운 관점을 제시했다. 데모크리토스가 갖가지 대담한 가설을 제시하고 '원자론'처럼 시대를 훨씬 앞서나간 주장을 펼칠 수 있었던 것도 모두 여행과 밀접한 관련이 있다.

중국에는 이런 말이 있다.

'만 권의 책을 읽고, 만 리의 길을 걸어라(讀萬卷書, 行萬里路).'

가만히 앉아 책을 읽고 생각하는 것은 아주 중요한 일이다. 그러나 기회와 능력이 된다면 가능한 한 많은 곳을 여행하고 다양한 사람을 만나며 생각의 영역을 넓히는 것도 공부 못지않게 중요하다. 그러니 많이 보고 많이 생각하고 대담하게 행동해야 한다. 세상은 넓고 당신의 가능성은 무한하다!

《 데모크리토스 》

데모크리토스는 부유한 상인의 아들로 태어나 여행을 하며 견문을 넓히고 지식을 쌓는 것을 좋아했다. 그는 대담한 가설들을 내놓았고, 현대 과학보다 2000년 먼저 '원자론'을 주장했다.

◆ 원자론

데모크리토스는 세상이 원자로 구성되어 있는데, 원자는 쪼개질 수 없는 기본 입자라고 주장했다. 그가 말한 '쪼개질 수 없는 원자'는 현대 화학의 원자 개념과 일치한다.

◆ 과학과 철학의 차이

데모크리토스의 '원자론'은 철학과 과학의 차이를 설명해주는 좋은 예다. 어떤 문제의 답을 찾을 때, 철학가들은 생각과 가설에 집중하고 과학자들은 실험과 증명에 집중한다. 이것이 두 학문의 가장 큰 차이라고 할 수 있다.

08
제논

• 고대 그리스 시대의 '프로불편러' •

눈 깜짝할 사이에 벌써 8장까지 왔다. 여기까지 포기하지 않고 왔다면, 그리고 철학에 조금이나마 흥미를 느끼고 있다면 당신은 이미 고대 그리스 철학의 세계에 온전히 입문한 것이다.

이 장에서는 아주 특별한 철학가를 소개할 것이다. 이 철학가는 고대 그리스 시대에 여러 난제를 남긴 인물로, 요즘으로 치면 사사건건 시비를 거는 '프로불편러' 같은 존재다. 지난 2000년 동안 전 세계의 학자들은 그의 관점이 잘못되었음을 증명해내려고 부단히 애썼다.

이 프로불편러의 이름은 바로 제논이다.

Lesson 1

제논의 이야기는 헤라클레이토스와 파르메니데스의 논쟁에서부터 시작된다. 헤라클레이토스는 우주가 영원히 타오르는 불이고 세상은 끊임없이 변화한다고 주장했고, 파르메니데스는 모든 운동과 변화는 감각기관의 환각일 뿐 우주는 절대적인 존재라고 주장했다.

이 장의 주인공 제논은 파르메니데스의 제자였다. 그는 마치 스승을 대신해 도장을 깨러 간 제자처럼 단숨에 40개의 역설을 내놓았다. 그는 이 역설들을 통해 '세상에 운동이라는 것은 존재하지 않는다'를 증명해내고 싶었던 것이다.

그럼 먼저 '역설'이란 무엇인지 짚고 넘어가자. 세상에는 경험이나 상식에 위배되거나 서로 모순되는 두 가지 결론을 도출해낼 명제들이 있다. 이러한 명제를 역설이라고 부른다.

예를 들어보자. 어느 마을에 한 이발사가 살았는데, 어느 날 그가 이렇게 말했다.

"나는 마을에서 스스로 이발을 하지 않는 모든 사람, 그 사람들에게만 이발해줄 것이다."

그렇다면 과연 이 이발사는 스스로 이발을 해야 할까, 말아야 할까? 스스로 이발을 하지 않으면 '스스로 이발을 하지 않는 사람'에 속한다. 하지만 그러면 그는 약속한 대로 자신에게도 이발을 해줘야 한다. 그런데 그가 스스로 이발을 하면 그는 '스스로 이발하는 사람'이기 때문에 자신의 약속에 어긋나는 행동을 하게 된다.

이발사의 약속은 그가 스스로 이발을 하든 하지 않든 앞뒤가 맞지 않고 서로 모순되는데, 바로 이런 것이 역설이다.

그렇다면 이발사는 어떻게 해야 역설에서 벗어날 수 있을까? 그는 자신의 말에서 '모든 사람'을 '나를 제외한 모든 사람'이라고 바꾸면 된다.

"나는 마을에서 나를 제외하고 스스로 이발을 하지 않는 모든 사람, 그 사람들에게만 이발해줄 것이다."

어떤가? 듣기만 해도 머리가 복잡한가? 헷갈린다면 이 이야기의 목적이 달성된 셈이다. 철학가들이 역설을 창조한 이유가 사람들의 논리적인 추론 능력과 사고 능력을 단련시키기 위함이었으니까.

제논은 바로 이러한 역설의 고수였다.

제논의 두 가지 유명한 역설을 살펴보자.

첫 번째는 '아킬레스와 거북의 역설'이다. 고대 그리스 신화에는 아킬레스라는 영웅이 등장한다. 그는 펠레우스와 바다의 여신 테티스의 아들이었다. 그는 발꿈치를 제외하고는 불사신 같은 존재였는데, 달리기도 매우 빨랐다.

제논은 두 선수가 달리기 시합을 한다고 가정했다. 그런데 한 선수는 빛의 속도로 달리는 아킬레스이고, 다른 한 선수는 느려 터진 거북이다. 과연 이 달리기 시합의 결과는 어떨까? 참고로 아킬레스는 '토끼와 거북' 이야기에 나오는 토끼처럼 중간에 낮잠을 잔다거나 하지 않고 처음부터 끝까지 전력 질주할 것이다.

사실 이런 상황이라면 결과는 빤한 것 아닌가? 하지만 제논은 이렇게 말했다.

"거북이 일정 거리 앞에서 출발하게 하면 아킬레스는 거북을 절대 따라잡을 수 없고, 승자는 당연히 거북이 될 것이다."

이게 대체 무슨 말도 안 되는 소리인가! 그러나 제논은 여봐란 듯이 이렇게 증명했다.

거북이 1미터든 50센티미터든 심지어 고작 1밀리미터든 먼저 출발하고 아킬레스가 뒤따라 출발했다고 치자. 아킬레스가 거북이 출발했던 그 지점에 도착했을 때 아무리 느린 거북일지라도 아킬레스가 달리는 동안 거북도 앞으로 나아갔을 것이다. 설령 0.1밀리미터라고 해도 앞으로 나아간 것이다. 그리고 아킬레스가 다시 이 거리를 따라잡는 동안 거북은 또다시 앞으로 나아갈 것이다.

이 말대로라면 아킬레스가 아무리 빠르고 거북이 아무리 느리다 할지라도 아킬레스는 거북과 가까워질 수는 있어도 거북을 따라잡는 것은 불가능하다.

제논의 주장을 가만히 살펴보면 꽤 일리가 있는 것 같지 않은가? 하지만 사실 이것은 불가능한 일이다. 과연 어느 부분에 문제가 있었던 걸까? 이 문제를 자세히 알아보기 전에 먼저 두 번째 역설은 무엇이었는지부터 살펴보자.

두 번째는 바로 '화살의 역설'이다. 활에서 화살이 발사되면 빠른 속도로 날아가는 것이 우리가 알고 있는 기본적 상식이다. 그러나 놀랍게도 제논은, 화살은 날아가지 않으며 날아가고 있는 화살은 움직이고 있지 않다고 주장했다.

아이고, 이건 또 무슨 말도 안 되는 소리인가!

제논은 이번에도 자신의 주장을 여봐란듯이 증명해냈다.

제논은 시간이 아주 작은 단위로 무한히 쪼개질 수 있다고 생각했다. 그리고 화살이 날아가는 과정에서 고정된 위치에 있는 각각의 시간 지점을 지나는데, 이때 고정된 공간에 있는 물체는 정지상태라고 주장했다. 결국 모든 시간 지점을 지날 때 화살이 정지상태라면 화살은 날아가는 동안 처음부터 끝까지 움직이고 있지 않은 것이다.

그는 이러한 설명을 바탕으로 이렇게 선포했다.

"운동은 존재하지 않는다! 어떤 물체가 움직인다고 생각하는 것은 당신의 감각기관의 환각일 뿐이다!"

어떤가? 두 역설 모두 헛소리처럼 들리지 않나? 그러나 한편으로는 제논이 주장한 이론을 반박하는 것도 어려워 보인다. 이것이 바로 제논의 역설과 앞에서 설명한 '이발사의 역설'의 차이다. '이발사의 역설'은 처음 제시된 명제에 두 가지 모순된 결론이 나와 있지만, 제논의 역설은 제논이 스스로 만들어낸 명제에서 경험이나 상식과 모순되는 결론을 도출해낸 것이다.

제논의 역설은 그와 논쟁을 벌이고 싶어 하는 수많은 사람을 꼼짝하지 못하게 만들었다. 이에 대해 제논은 말했다.

"사람의 지식은 원과 같다. 원 안에는 자신이 이미 알고 있는 것들이 있고 원 밖에는 모르는 것들이 있다. 아는 것이 많아질수록 원은 점점 커진다."

Lesson
3

제논이 이런 역설을 주장한 이후, 고대 그리스의 철학가들은 어떻게든 이 명제를 반박하려고 애썼다.

고대 그리스 키니코스학파의 디오게네스(뒤에서 다시 한 번 자세히 다룰 것이다)는 어느 날 제자에게서 어떻게 하면 제논의 역설을 반박할 수 있냐는 질문을 받았다. 그는 제자의 질문에 말없이 한참을 방 안에서 왔다 갔다 했다. 제자가 의아한 표정으로 바라보자 디오게네스가 말했다.

"제논은 운동이 존재하지 않는다고 주장했지만, 내가 지금 그 말이 틀렸다는 걸 증명하고 있지 않느냐."

디오게네스는 제자에게 눈 등의 감각기관을 통해 사물의 운동을 명확히 관찰한다면 운동은 실제로 존재하는 것이라고 설명했다.

그러나 제논은 '감각기관이 당신을 속이고 있다'는 사실을 증명하고 싶어 했다. 앞에서 살펴본 철학가들 중 감성의 경험을 중시한 철학가가 누구였는지 기억하는가? 그렇다. 바로 엠페도클레스였다. 반면 제논은 감각기관에서 받아들이는 정보를 인정하지 않았고 이성적인 사고를 통해 얻은 결과만 신뢰했다. 그래서 일부러 상식에 어긋난 결론을 이야기함으로써 감각기관을 완전히 신뢰할 수 없음을 알려주려고 했는지도 모른다.

제논과 디오게네스는 이성과 감성이라는 완전히 상반된 위치에 서 있다. 그러니 두 사람이 대면한다면 아마 그 누구도 상대방을 설득하지 못할 것이다.

시간이 흐르면서 점점 더 많은 철학가, 물리학자, 수학자가 제논의 역설을 깨뜨리려는 대오에 합류했다.

사실 제논의 역설은 분명 문제가 있어 보인다. 실제로 역대 많은 학자가 갖가지 어렵고 복잡한 수학 공식과 용어를 동원해 어떻게든 그 주장의 오류를 찾아내려 했다.

이 과정을 쉽게 정리해보자.

Lesson
4

사실 핵심만 제대로 파악하면 그리 복잡한 내용은 아니다.

'아킬레스와 거북의 역설' 그리고 '화살의 역설' 문제는 제논이 시간과 공간의 연속성을 실수로든 의도적으로든 간과했다는 점이다. 그런데 운동은 원래 연속된 시간과 공간에서 일어나는 것이다. 내용이 너무 추상적인가? 예를 들어보자.

운동선수가 달리는 영상을 보고 있다고 치자. 당신이 보고 있는 것은 움직이는, 즉 운동하는 화면이다. 그 이유는 눈앞에 보이는 시간과 공간이 연속하기 때문이다. 그런데 이 운동선수가 달리는 모습을 여러 장의 사진으로 찍는다면 각각의 사진 속에 있는 운동선수는 움직이지 않고 정지된 상태다. 물론 그 이유는 각각의 사진이 기록된 시간과 공간이 연속하지 않고 모두 단절되어 있기 때문이다.

제논이 '화살의 역설'을 어떻게 증명했는지 다시 한 번 살펴보자. 제논은 화살이 매 순간 고정된 위치에 정지된 상태로 머무르고 있으므로 화살이 날아가는 모든 과정은 사실 아무런 움직임도 없는 것이라고 주장했다. 앞에서 운동선수가 달리는 모습을 사진으로 찍었던 것처럼 화살이 날아가는 모든 순간을 여러 장의 사진으로 찍는다면 모든 사진 속의 화살은 정지된 상태이므로 화살은 움직이지 않았다고 말할 수 있다.

하지만 사실은 어떠한가? 이 화살은 한곳에서 다른 한곳으로 이동했고 분명 마법의 힘이 아닌 운동의 힘으로 이동했다. 제논은 이러한 운동의 연속성을 간과한 것이다.

'아킬레스와 거북의 역설'도 마찬가지다. 제논은 아킬레스가 달린 거리를 작은 단위로 쪼개고 쪼개어 마치 아킬레스가 거북과 무수히 많은 시합을 한 것처럼 보이게 했다. 예를 들어 배가 아주 고플 때 국수를 먹는다고 치자. 쉬지 않고 후루룩 먹는다면 금방 한 그릇을 다 비울 수 있을 것이다. 그러나 먹을 때마다 국수 한 가닥을 짧게 베어 물어 한 입 먹고, 다시 남은 가닥을 짧게 베어 물어 한 입 먹고……. 이런 식으로 국수를 먹는다면 아마 날밤을 새워도 모자랄 것이다. 가락이 가늘고 얇은 국수라면 시간은 무한정 늘어난다.

제논은 이런 식으로 아킬레스가 달린 거리를 무수히 많은 구간으로 나눠 그가 언제나 거북보다 뒤처져 있는 것처럼 보이게 만들었다. 하지만 현실에서 아킬레스의 달리기는 시공간에서 연속적으로 발생하고 있는 일이다. 이 부분에서 제논은 시공간의 연속성을 인위적으로 무시하고 임의로 구간을 나눠 시공간을 고정해버렸다. 그러나 이러한 형태의 시공간은 현실에서 존재하지 않는다.

두세 입 만에 후루룩 국수 한 그릇을 먹어 치울 수 있는 것처럼 아킬레스도 당연히 두세 번만 뛰면 거북을 단숨에 따라잡을 수 있다.

수학 중에는 무한소 문제를 해결하기 위해 만들어진 '미적분'이 있다. 제논이 살던 시대에는 미적분이라는 개념이 없었지만, 제논의 역설은 결국 미적분의 개념을 교묘히 바꿔 잘못된 결론을 도출한 것이다.

축구선수가 골을 넣을 때, 나뭇잎이 바람에 날려 바닥에 떨어질 때, 지하철이나 열차가 지나갈 때 우리가 느끼는 것은 연속된 공간과 연속된 시간에 발생하는 연속 운동이다. 운동의 궤적은 묘사하고 계산할 수 있지만, 운동 그 자체를 도량할 수는 없다. 그런 의미에서 보면 디오게네스가 방 안을 왔다 갔다 하는 것으로 제논의 역설을 반박한 것은 대단히 훌륭한 생각이었다.

하지만 분명 이렇게 묻고 싶은 사람도 있을 것이다.

'제논의 역설이 틀린 것이라면 왜 우리는 지금 제논과 그의 역설에 대해 배우고 있는 걸까?'

Lesson 5

제논의 역설을 공부하는 이유는 옳고 그름을 가려낼 생각의 능력을 키우는 데 많은 도움이 되기 때문이다.

20세기 위대한 철학가 비트겐슈타인은 철학 사상을 사다리에 비유했다. 그는 사다리를 오를 때 사다리 자체에만 관심을 두지 말고 아래로는 어떤 다양한 사다리가 있고, 또 사다리가 어떤 갖가지 방향으로 통하는지 관심을 가져야 한다고 말했다.

제논의 역설은 바로 이 사다리와 같다.

　비록 아주 오래전부터 많은 사람이 제논의 역설을 언급할 가치조차 없는 헛소리라고 여겼지만, 일부 지혜로운 학자는 그것이 충분히 반박할 가치가 있다고 생각했다. 제논의 역설을 반박하기 위해 끊임없이 생각하고 논증하는 과정은 시간과 공간, 유한과 무한의 개념을 인식할 좋은 기회라고 여겼기 때문이다.

　그러므로 때로는 가치 있는 질문을 던지는 것이 어떤 질문에 답을 찾는 일보다 더 유의미함을 기억해야 한다.

　그런데 고대 그리스 시대에 이렇게 궤변을 늘어놓은 사람이 제논만 있었던 것은 아니다. 다음 장에서 소개할 철학가 역시 제논 못지않게 터무니없는 궤변들을 늘어놓은 인물이다.

《 제논 》

제논은 파르메니데스의 제자로, 상식에 완전히 어긋나는 역설들을 주장한 인물이다. 제논은 마치 오늘날 인터넷상에서 사사건건 시비를 거는 '프로불편러' 같은 존재였지만, 사실 그는 이러한 방식으로 많은 사람의 사고력을 촉진시켰다.

◆ 역설

역설이란 경험이나 상식에 위배되거나 서로 모순되는 두 가지
결론을 도출해낼 명제를 의미한다. 제논은 '아킬레스와 거북의
역설'과 '화살의 역설'이라는 두 가지 역설을 주장했다.

◆ 제논의 역설은 어디가 잘못되었을까?

그는 연속하는 시간과 공간을 강제로 끊어서 그것을 고정된 시
공간으로 바꿔버렸다. 하지만 이러한 시공간은 현실에서 존재
하지 않는다.

◆ 미적분

미적분은 무한소 문제를 해결하기 위해 만들어진 개념으로, 이를 통해 '제논의 역설'을 논증할 수 있다.

◆ 문제의 가치

때로는 가치 있는 질문을 던지는 것이 어떤 질문에 답을 찾는 일보다 더 유의미하다. 질문하는 것을 두려워하지 말고 잘못된 질문을 던질까 봐 걱정하지도 말라. 가치 있는 질문을 하면 당신의 사고력은 촉진될 것이다.

09

프로타고라스

• 인간은 만물의 척도다 •

앞 장에서는 제논이라는 인물과 그의 두 가지 역설을 살펴봤다. 사람들은 제논을 철학가가 아닌, '궤변가'로 부르기도 했다. 궤변이란 언뜻 보면 옳은 것처럼 보이지만, 자세히 들여다보면 잘못된 논리이다. 궤변가는 사람들이 쉽게 놓치는 허점을 이용해 이러한 잘못된 논리를 옳은 것으로 증명하려는 사람들을 가리킨다.

이 장에서 소개할 철학가는 대표적인 소피스트로, 제논만큼이나 변론에 뛰어난 인물이다. 그의 이름은 바로 프로타고라스다.

Lesson 1

'소피스트'는 '지혜로운 자'라는 뜻으로, 원래 긍정적인 의미로 쓰이던 말이다. 일찍이 고대 그리스에서는 분야를 막론하고 각 분야에 뛰어난 사람을 모두 소피스트라고 불렀다. 배를 만드는 기술자, 대장장이, 조각가 모두 소피스트가 될 수 있었다. 그러나 시간이 흐르면서 소피스트란 보수를 받고 다른 사람을 가르치는 선생님, 즉 교수를 지칭하는 대명사로 변하게 되었다.

고대 그리스에는 왜 소피스트라는 부류가 생긴 걸까? 원래 수요가 있는 곳에 공급이 있게 마련이다. 당시 그리스는 민주 정치가 안정적으로 발전하고 있었고 일반 시민들도 도시의 공공사무에 참여할 수 있었다. 그래서 정치에 참여하고 싶은 많은 젊은 이가 연설과 변론을 배우고자 지혜로운 스승, 즉 소피스트를 찾았던 것이다.

프로타고라스는 그중 가장 유명한 소피스트였다. 그는 그리스 전역을 돌아다니며 제자들을 가르쳤다. 프로타고라스는 모든 시민이 공공사무에 적극적으로 참여해야 한다고 생각했는데, 동시대 인물인 데모크리토스의 '원자론'을 통해 이러한 관점을 설명했다.

데모크리토스가 했던 말을 기억하는가? 그는 만물이 원자로 구성되어 있고 원자는 끊임없이 움직이며 원자들끼리 서로 충돌이 일어나기도 한다고 했다(물론 다시 한 번 말하지만, 데모크리토스의 원자론은 과학적으로 관찰한 결과가 아니라 우주에 대한 그의 생각과 추측일 뿐이다. 원자의 존재가 증명된 것은 불과 이삼백 년 전이다).

프로타고라스는 이 원자론의 개념을 조금 더 확장해서 도시 전체가 하나의 물체라면 시민 한 사람 한 사람이 바로 원자라고 말했다. 모든 자유 시민은 독립적이지만 원자들처럼 서로 충돌이 일어나기도 하는데, 프로타고라스는 이렇게 각자 의견을 말하고 서로 논쟁할 수 있는 도시만이 미래가 밝다고 생각했다.

프로타고라스의 직업은 자신의 관점을 우아한 언어로 표현하는 법과 격렬한 논쟁에서 승리하는 법을 사람들에게 가르쳐주는 것이었다.

Lesson 2

프로타고라스가 어떤 인물이었는지 잘 보여주는 일화가 있다. 물론 이 이야기가 실제로 있었던 일인지, 사람들이 만들어낸 것인지는 불분명하다.

어느 날 프로타고라스가 제자 한 명을 거두면서 계약 하나를 맺었다. 제자가 첫 번째 소송에서 이기면 프로타고라스에게 학비를 지불하고, 그렇지 않으면 돈을 내지 않아도 된다는 것이었다. 그런데 과연 제자의 첫 번째 소송은 무엇이었을까? 그건 바로 프로타고라스가 그에게 학비를 내라고 건 소송이었다.

프로타고라스는 대체 무슨 의도로 이런 계약을 제안한 걸까?

한번 생각해보자. 제자가 소송에서 이기면 어떻게 될까? 그럼 그는 재판의 결정에 따라 프로타고라스에게 학비를 지불하지 않아도 되지만, 사전에 프로타고라스와 맺은 계약 내용에 따라 학비를 지불해야 한다. 반대로 소송에서 지면 어떻게 될까? 그럼 당연히 법원의 결정에 따라 프로타고라스에게 학비를 지불해야 한다. 다시 말해 소송의 승패와 상관없이 이 청년은 학비를 지불해야 하는 것이다!

이야기 속 프로타고라스는 굉장히 똑똑한 사람처럼 보이지만, 한편으로는 교활해 보인다. 기실 좋은 이미지가 별로 느껴지지 않는다. 그런데 실제로 고대 그리스 사람들은 이러한 소피스트들을 별로 좋아하지 않았다. 그들이 총명한 머리로 사람들의 논리적 허점을 찾아 이득만 보려 한다고 생각했기 때문이다. 그래서 아마 이 이야기도 누군가가 프로타고라스로 대변되는 소피스트 집단을 풍자하기 위해 지어낸 것일 가능성이 크다.

당시 도시의 권력자들과 철학가들은 프로타고라스에게 많은 반감을 갖고 있었다. 고대 그리스의 3대 철학가 중 한 사람인 플라톤은 그의 저서에서 프로타고라스에 대한 불만을 공개적으로 드러냈다. 도대체 무엇 때문이었을까? 그 이유는 소피스트의 학설과 관련이 있다.

과연 프로타고라스의 어떤 관점이 사람들을 그토록 화나게 만든 걸까?

Lesson 3

프로타고라스가 남긴 유명한 말이 있다.

'인간은 만물의 척도다. 존재하는 것에 대해서는 존재하는 것의, 존재하지 않는 것에 대해서는 존재하지 않는 것의 척도다.'

'척도'는 '근거'나 '기준'을 의미한다. 앞에서 살펴본 한 철학가도 '척도'라는 단어를 사용했는데, 누구였는지 기억하는가? 바로 헤라클레이토스다.

'우주는 과거에도, 현재에도, 그리고 미래에도 영원히 타오르는 불이며 일정한 척도로 연소하고 일정한 척도로 소멸한다.'

헤라클레이토스가 말한 의미는 우주가 일정한 원칙과 규칙에 따라 움직인다는 것이다. 한편 프로타고라스의 '인간은 만물의 척도다'라는 말은 불도 물도 로고스도 아닌, 오직 인간만이 만물의 존재 근거라는 의미다.

여기까지는 특별한 문제가 없어 보인다. 하지만 2500년 전 고대 그리스인들에게 이 말은 폭탄 발언이나 마찬가지였다. 생각해보자. 당시 고대 그리스인들이 생각하는 만물의 척도는 누구였겠는가?

그렇다. 당연히 신이다! 고대 그리스인들은 오직 신만이 만물의 척도라고 믿었는데, 올림포스의 신들은 세상 만물을 변화시킬 수 있을 뿐만 아니라 사람의 운명 또한 바꿀 수 있다고 생각했다.

그런데 프로타고라스가 쓴 〈신에 대하여〉의 도입부에는 이렇게 적혀 있다.

'신에 관해서 그들이 정말로 존재하는지 여부는 확신할 수 없으며 그들이 어떤 모습을 하고 있는지 감히 말할 수 없다.'

프로타고라스는 신의 존재를 완전히 부정하지 않았고 심지어 본인도 여전히 신을 숭배했지만 더 이상 신이 세상을 움직인다

고 생각하지 않았다. 문제는 신을 만물의 척도라고 생각하지 않은 것까지는 괜찮은데, 신화에서 가장 비천한 존재로 여겨지는 사람을 만물의 척도라고 주장한 점이었다. 이것은 그 시대에 감히 상상조차 할 수 없는 일이었다.

이렇게 보면 프로타고라스와 제논은 사람들에게 생각할 거리를 많이 남겼다는 점에서 무척 닮았다.

Lesson
4

그렇다면 당시 사람들은 왜 '인간은 만물의 척도다'라는 말에 그토록 화를 낸 걸까?

이 말은 신을 숭배하던 고대 그리스인들을 불안하게 만들었고, 자연철학 사상을 주장하던 철학가들도 당혹스럽게 했기 때문이다.

프로타고라스 이전에 이미 많은 철학가가 우주의 근원을 찾고, 세상의 '로고스'에 대해 탐구했다. 그들은 신을 믿지도, 인간을 믿지도 않았다. 또한 만물에는 객관적 규칙이 존재한다고 믿었는데, 이러한 규칙은 인간이 인식하지 않아도 존재한다고 생각했다.

예컨대 얼음은 열을 만나면 녹는다. 인간이 원리를 이해하지 못하더라도 대자연은 이러한 규칙에 따라 움직인다. 하지만 프로타고라스의 생각은 달랐다. 그는 인간이야말로 만물이 존재하거나 존재하지 않는 척도이기 때문에 인간을 빼놓고 세상을 논하는 것은 불가능하다고 했다.

프로타고라스는 바람이 차다고 느끼는 사람에게는 찬 것이고, 차지 않다고 느끼는 사람에게는 차지 않은 것이라고 생각했다. 그런데 이처럼 사람마다 느끼는 감각과 세상에 대한 인식이 다른데, 어떻게 자신의 인식이 절대적으로 옳다고 증명할 수 있겠는가?

그래서 프로타고라스는 세상에 절대적인 진리는 없고, 다만 어떤 생각이 다른 어떤 생각보다 낫다고 말할 수 있을 뿐이라는 결론에 도달했다. 하지만 어떤 생각이 다른 어떤 생각보다 진리에 가깝다고 말하기란 어렵다.

예를 들어 색맹인 사람과 색맹이 아닌 사람이 있다. 색맹이 아닌 사람은 각양각색의 색을 모두 볼 수 있다. 색맹인 사람은 여러 색을 구분하지 못하기에 일상생활을 하는 데 갖가지 불편함을 감수해야 한다. 생각해보라. 신호등의 색을 구분하지 못하면 얼마나 위험하겠는가! 그렇기에 색맹이 아닌 사람이 색을 조금 더 잘 느낀다고 말할 수 있다.

그럼에도 색맹이 아닌 사람들이 보는 색이 진리에 가깝다고 말할 수는 없다. 프로타고라스는 어떤 사물이 색맹인 사람들이 보는 흑백색인지 색맹이 아닌 사람들이 보는 색인지 따지는 것은 의미가 없다고 말했다.

이처럼 프로타고라스는 기존의 풍속이나 종교적인 관념에 끊임없이 도전했고, 그럴수록 도시의 권력자들은 점점 그에 대한 불만을 쌓아갔다. 프로타고라스는 객관적 진리의 존재를 믿지 않았고 기존의 철학가들의 관점에도 계속 의문을 제기했다. 심지어 세상에는 확실하게 믿을 만한 지식이 없다고 생각했다.

소피스트 중 한 사람인 고르기아스는 한 단계 더 나아가 세상에는 어떤 사물도 존재하지 않고, 사물이 존재한다고 하더라도 인간이 인지하지 못하며, 설령 인지한다 하더라도 그것을 다른 사람에게 전달할 수 없다고 말했다.

소피스트들은 이렇게 고민하고 생각하는 많은 철학가를 무능하게 만들었으니, 누가 그들을 좋아했겠는가?

위대한 철학가 플라톤 역시 소피스트들에게 많은 불만을 갖고 있었다. 그는 프로타고라스의 '인간은 만물의 척도다'라는 관점을 이렇게 풍자했다.

"프로타고라스 당신은 사람마다 세상에 대해 느끼는 감각이 다르다고 말하지 않았던가? 그렇다면 개, 돼지, 고릴라도 저마다 감각이 다를 텐데, 당신의 이론에 따르면 '돼지는 만물의 척도다' 혹은 '고릴라는 만물의 척도다'라고 해야 맞지 않나!"

플라톤은 심지어 프로타고라스를 '올챙이보다도 무식한 사람'이라고 비난하기도 했다.

하하하, 철학가들의 세계가 이토록 냉혹하다니!

하지만 또 다른 의견도 있었다. 플라톤의 제자 아리스토텔레스는 그의 스승보다 조금 더 침착했다. 아리스토텔레스는 프로타고라스가 '인간은 만물의 척도다'라고 주장한 이유는 사람에게 감각이 있을 뿐만 아니라 사고 능력이 있기 때문이라고 생각했다. 이러한 능력은 동물에게는 없는 것이다. 다시 말해 프로타고라스의 관점은 '사람의 감각과 생각이 만물의 존재 혹은 부재의 척도다'라는 말로 이해할 수 있다.

헤겔 역시 프로타고라스를 높이 평가했다. 그는 프로타고라스가 처음으로 '감각을 느끼고 생각하는 인간'을 철학의 세계로 끌어들였다고 생각했다.

프로타고라스는, 인간은 모든 지식과 학문을 규정하는 주체이므로 또한 세상을 규정하는 주체라고 여겼다. 앞에서 예를 든 것처럼 얼음은 열을 만나면 녹는다. 사람이 얼음 녹는 원리를 알고 있든 모르고 있든 이러한 현상은 생긴다. 하지만 사람이 이러한 규칙을 깨닫고 이해해서 이를 응용하면 세상은 더욱 명확해진다. 그리고 얼음이 열을 만나면 녹는 현상은 비로소 의미를 갖는다.

프로타고라스는 고대 그리스 철학의 초점을 대자연에서 인간에게로 끌어왔다. 물론 그의 관점은 어느 순간 갑자기 생겨난 것이 아니다. 프로타고라스의 관점은 이전의 여러 철학가의 학설에서도 이미 단서를 찾을 수 있었다. 아낙사고라스는 모든 씨앗이 '누스'의 힘에 의해 움직인다고 했는데, 누스는 마음 즉 '영혼'이라는 의미다. 또 데모크리토스는 사람의 영혼 역시 원자로 구성되어 있다고 말했다. 프로타고라스의 이론에 따르면, 모든 시민은 '원자'와 마찬가지로 상호 관련이 있다. 하지만 한편으로는 각자 독립된 존재이며 사회는 이러한 시민들이 자신의 관점을 충분히 표현하고 서로 부딪히는 과정에서 발전한다.

비록 프로타고라스의 관점은 여러 논쟁을 불러일으키고 비난받기도 했지만, 그럼에도 고대 그리스 시대에 '사람'의 진정한 가치를 인식했다는 점은 높이 평가할 만하다.

프로타고라스는 각종 사물에 회의적인 태도를 보였지만, 그것들을 끊임없이 탐구했다. 그는 이런 유명한 말을 남기기도 했다.

'사람의 두뇌는 채울 수 있는 그릇이 아닌, 점화해야 하는 불이다.'

이 말은 이후 많은 사람이 독립적인 사고를 하는 데 격려의 메시지가 되었다.

어느새 이 장을 마무리해야 할 시간이 왔다. 프로타고라스는 '인간'을 강조했고, 이것은 당시 결코 쉬운 일이 아니었다. 고대 그리스 철학 역사상 인간에 주목한 철학가가 또 한 사람 있는데, 아테네 사람들은 이 철학가 역시 소피스트의 일원으로 간주한다. 그러나 사실 그는 세상에 명확한 지식은 없다고 주장하는 소피스트에 맞서 진리를 추구하는 사람이었다. 이 철학가는 앞에서 살펴본 여러 철학가보다 훨씬 유명한 인물이기에 누구나 그의 이름을 한 번쯤 들어본 적 있을 것이다.

다음 장에서 살펴볼 이 철학가는 과연 누구일까?

《 프로타고라스 》

고대 그리스의 대표 소피스트로, '인간은 만물의 척도다'라는
관점을 주장했다. 이 관점은 당시 많은 사람에게 큰 충격을 안
겨줬다.

◆ '인간은 만물의 척도다' 이해하기

아리스토텔레스는 프로타고라스가 '인간은 만물의 척도다'라고 주장한 이유에 대해 인간은 감각을 느낄 뿐만 아니라 사고할 수 있기 때문이라고 생각했다. 다시 말해 프로타고라스의 관점은 '사람의 감각과 생각이 만물의 존재 혹은 부재의 척도다'라는 말로 이해할 수 있다.

◆ 사고의 의미

프로타고라스는 '사람의 두뇌는 채울 수 있는 그릇이 아닌, 점화해야 하는 불이다'라는 말을 남겼다. 이 말은 이후 많은 사람이 독립적인 사고를 하는 데 격려의 메시지가 되었다.

10

소크라테스

• 내 질문을 감당할 수 있겠는가? •

탈레스를 시작으로 프로타고라스까지 벌써 9명의 철학가를 만나봤다. 이들은 모두 '고대 그리스 초기 철학가'로 분류된다.

이 장에서부터는 그리스 철학의 새로운 시대로 진입하는데, 이 시기는 고대 그리스에서 가장 유명한 철학가 셋이 이끌었다. 그들은 고대 그리스의 3대 철학가로 불린다.

바로 소크라테스, 플라톤, 아리스토텔레스다. 그럼 이 장에서는 먼저 소크라테스에 대해 알아보자.

먼저 기원전 399년 고대 그리스 아테네의 법정으로 떠나보자. 이 법정에서는 재판이 한창 이루어지고 있다. 재판을 받고 있는 사람은 다름 아닌 이 장의 주인공 소크라테스다. 이 대규모 재판에는 아테네의 각 분야에서 모인 배심원들 501명이 참가했는데, 무려 6,000명의 후보 중에서 선발된 사람들이다. 아테네 사람들은 시민들이 가장 공정하다고 믿었고, 배심원단은 이러한 민심을 대표하는 사람들이었다. 이제 법정에서 변론이 끝나면 배심원단의 투표로 피고인의 유죄 여부를 결정할 참이다.

일흔의 소크라테스는 누추한 행색으로 심판대 위에 서 있다. 소크라테스는 평소에 낡은 옷차림을 하고 다녔고 한겨울에도 종종 맨발로 거리를 활보해 눈에 쉽게 띄었다.

드디어 재판관이 소크라테스의 죄명을 읽기 시작한다.

"소크라테스는 국가가 인정한 신을 믿지 않고 청년들을 타락시켰으므로 마땅히 사형에 처해야 한다!"

소크라테스는 침착한 태도로 자신은 신을 모욕한 적도 없고 청년들을 타락시킨 적도 없다며 무죄를 주장한다.

"나는 살아 있는 한 계속 철학을 연구할 것이고, 당신들 중 한 사람을 만난다 해도 훈계를 멈추지 않을 것이오! 그것이 바로 신의 명령이니까."

소크라테스는 자신이 등에(소나 양의 몸에 붙어 피를 빨아먹는 곤충) 같은 존재라고 말한다. 자신이 아테네 사람들을 현실적으로 깨어 있게 하지만, 이것이 그들을 얼마나 귀찮고 짜증 나게 하는지 잘 알고 있으니까.

소크라테스는 심판대에 서서 말한다.

"당신들은 소크라테스라는 등에 하나만 죽이면 편안한 삶을 살 수 있을 것이라 생각할 거요. 하지만 신은 곧 당신들에게 새로운 등에를 보낼 거요."

옆에서 듣고 있던 사람들의 표정은 각양각색이다. 무슨 말도 안 되는 이야기를 하는 거냐며 분노하는 사람들이 있다. 그런가 하면 얼굴에 근심 걱정이 가득한 사람들도 있다. 이들은 대부분 소크라테스의 제자와 친구이다.

소크라테스의 제자 플라톤 역시 긴장한 표정으로 그곳에 앉아 있다. 그는 소크라테스의 변론이 재판장을 설득하기는커녕 오히려 그의 분노를 살 거라고 생각한다.

배심원단의 투표가 시작된다. 투표 결과는 유죄 281표, 무죄 220표로 과반수의 배심원이 소크라테스의 죄가 성립한다고 생각한다. 그러나 배심원단은 소크라테스가 벌금을 낸다면 사형은 면할 수 있게 해준다는 제안을 덧붙인다. 이 말에 소크라테스의 측근들은 모두 안도의 한숨을 내쉬며 소크라테스를 대신해 벌금을 내겠노라 저마다 나선다.

그때 소크라테스가 말한다.

"나의 언행은 국가와 사회에 도움을 주는 거였소. 이 법정에서는 나를 심판할 것이 아니라 나에게 상을 주고 아크로폴리스의 원탁에서 공짜로 식사를 하게 해줘야 하오."

그의 말에 모두가 깜짝 놀란다. 소크라테스는 끝까지 자신의 죄를 인정하지 않는다. 이 말은 당연히 배심원단을 분노하게 만든다. 애초에 소크라테스의 무죄를 주장하던 배심원들조차 그를 사형시켜야 한다고 소리치기 시작한다.

두 번째 투표가 이루어진다. 이번에는 배심원 361명이 소크라테스의 사형을 지지했고, 140명만이 그의 무죄를 주장하며 석방을 요구한다.

소크라테스는 일찌감치 이러한 결과를 예상했다는 듯 법정을 떠나며 말한다.

"이제는 떠나야 할 때가 되었군. 나는 이제 죽을 것이고 당신들은 계속해서 살아갈 테지만 우리 중 누구의 삶이 더 행복했는지는 오직 신만 알 것이오."

Lesson 2

그럼 이제 기원전 399년의 법정에서 다시 현실로 돌아와보자. 분명 지금쯤 머릿속에 이런 생각이 들 것이다.

'소크라테스는 과연 어떤 사람일까? 왜 아테네 사람들은 그를 사형시키려고 했을까? 소크라테스는 왜 죄를 절대 인정하지 않은 걸까?'

기원전 399년으로 돌아가 아테네 거리에서 사람들을 붙잡고 소크라테스가 어떤 사람인지 물어본다면 대부분 이런 대답이 돌아올 것이다.

"소크라테스요? 그 사람은 아주 괴짜예요."

운 좋게 소크라테스와 친분이 있는 사람을 만난다면, 이 괴짜 노인에 대해 전해지는 일화도 들을 수 있을 것이다.

어느 날 소크라테스는 친구와 함께 연회에 참석했다. 그의 친구가 연회장에 도착했을 때 동행하던 소크라테스는 보이지 않았다. 사람들은 깜짝 놀라 하인 한 명을 시켜 왔던 길을 돌아가게 했다. 하인은 어느 집 기둥 옆에 멍하니 서 있는 소크라테스를 발견하고 주인에게 가 보고했다.

"소크라테스 나리가 꼼짝도 하지 않고 서 있습니다. 아무리 불러도 대답이 없어요."

한참이 지나서야 소크라테스는 연회장에 나타났다. 알고 보니 그는 어떤 문제를 생각하느라 그곳에 멈춰 서 있었던 것이다. 다른 사람들 눈에는 그가 그냥 멍하니 서 있는 것처럼 보였지만, 사실 그의 머릿속에서는 치열한 논쟁이 벌어지고 있었다.

소크라테스가 왜 이렇게 자주 생각에 잠기는 것일까? 그는 일찍이 이런 말을 한 적이 있다.

"나는 내가 무지하다는 것 외에 아는 게 그 무엇도 없다."

사실 이 말은 소크라테스가 정말로 아는 게 아무것도 없다는 뜻이 아니다. 세상에는 자신이 이해하지 못하는 일이 많고, 너무나 당연시하는 일도 따져보면 잘못 알고 있음을 깨달아야 한다는 의미다.

애플의 창업자 스티브 잡스도 비슷한 말을 남겼다.

'항상 갈구하고 우직하게 나아가라(stay foolish, stay hungry).'

이 말은 소크라테스의 명언과 비슷한 의미를 담고 있다.

소크라테스는 시시각각 자신의 '무지'를 깨닫고 인식했을 뿐만 아니라 한 마리 등에처럼 들러붙으며 다른 사람들에게도 그들의 무지를 일깨워줬다.

그는 바로 이러한 이유로 말미암아 심판대에 섰고, 결국 배심원들로부터 사형을 선고받았다. 언제 어디서나 진리를 추구하던 정신이 그의 목숨을 앗아간 셈이다.

소크라테스에게는 진리를 추구하는 특별한 방법이 있었는데, 이것을 '산파술'이라고 불렀다.

그는 왜 이런 이름을 붙였을까? 소크라테스의 어머니는 산파였다. 산파가 하는 일은 산모가 아기를 낳는 걸 돕는 것이다. 말 그대로 '산파술'은 사람들의 '사상'이 태어나는 것을 돕는다는 의미에서 붙여진 이름이다.

소크라테스는 지식을 얻으려면 여러 생각에 관하여 질문하고 토론해야 한다고 말했다.

그렇다면 그는 어떤 방법으로 이것을 실천했을까?

소크라테스는 매일 아테네 광장으로 나가 낯선 사람들과 대화를 나누고 함께 어울렸다. 그의 아내는 돈을 벌어 올 생각이 전혀 없는 남편에게 불만이 많을 수밖에 없었고, 자주 남편을 비난하거나 때로는 더러운 물을 끼얹기도 했다. 소크라테스는 그럴수록 더 많은 시간을 밖에서 보냈다.

광장은 언제나 아테네 시민들로 북적였고, 사람들은 이곳에서 물건을 사고팔기도 하고 정치를 논하기도 했다. 소크라테스는 광장에서 늘 아무나 붙잡고 여러 질문을 했다.

"당신은 정의가 무엇이라고 생각하시오?"

"당신은 용기가 무엇이라고 생각하시오?"

소크라테스는 상대방이 질문에 답을 하면 곧바로 또 다른 질문을 하거나 상대방의 대답에서 허점을 찾아 반박했다. 그는 이런 식으로 상대방이 지쳐서 떠날 때까지 질문을 계속했다.

한번은 소크라테스가 행인을 붙잡고 물었다.

"모두들 도덕적인 사람이 되어야 한다고 말을 하는데 도대체 도덕적인 행위란 무엇이오?"

행인이 대답했다.

"흔히 정직하고 다른 사람을 속이지 않는 것을 도덕적인 행위라고 말하죠."

이에 소크라테스가 다시 질문했다.

"그럼 만약 전장에서 승리하기 위해 적군을 속이는 것은 어떻소? 당신의 말대로라면 이건 도덕적인 행위라고 볼 수 없는 거 아니오?"

행인이 대답했다.

"적을 속이는 것은 괜찮아요. 하지만 스스로를 속이는 사람은 도덕적인 사람이라고 보기 어렵죠."

그러자 소크라테스가 물었다.

"적군과 싸우고 있을 때 우리 군이 포위되어서 곤란한 상황에 빠졌다고 합시다. 그런데 장군이 병사들의 사기를 높이기 위해 곧 지원군이 도착할 거라고 거짓말을 했고 그 덕분에 포위 상황에서 성공적으로 벗어날 수 있었소. 그래도 이런 속임수는 도덕적인 행위라고 볼 수 없는 거요?"

행인이 대답했다.

"전쟁 중에는 어쩔 수 없는 상황이니까 부도덕한 행위라고 볼수는 없죠. 하지만 일상생활에서는 그러면 안 됩니다."

소크라테스가 다시 질문했다.

"그런데 일상생활에서 이런 문제에 직면하기도 하오. 아들이 병에 걸렸는데 약을 먹지 않으려고 하고 있소. 그래서 아버지는 약을 먹이기 위해 이것은 약이 아니라 맛있는 음식이라고 아들을 속이오. 이런 상황은 부도덕한 상황이오?"

행인은 잠시 망설이다가 대답했다.

"글쎄요, 그런 속임수는 도덕적인 행위라고 볼 수 있죠."

소크라테스가 또다시 물었다.

"사람을 속이지 않는 것도 도덕적인 행위이고, 사람을 속이는 것도 도덕적인 행위가 될 수 있다면 도덕이란 남을 속이느냐 속이지 않느냐로 설명할 수 없지 않겠소? 그렇다면 과연 도덕을 어떻게 설명할 수 있겠소?"

행인은 결국 이렇게 대답했다.

"도덕을 알지 못하면 도덕적인 행위를 할 수 없겠죠. 그러니 도덕을 아는 사람이 곧 도덕적인 사람입니다."

소크라테스는 이런 방식으로 사람들에게 끊임없이 질문을 던져 변론 과정에서 문제를 명확히 이해하도록 했다. 이것이 바로 '산파술'이다.

소크라테스의 산파술은 사람들이 스스로 문제를 분석하고 생각할 수 있도록 유도했다. 그는 변증법을 통해 진리란 구체적이고 상대적인 것이며 조건에 따라 나와 대립할 수도 있다는 것을 증명했다. 이러한 인식은 유럽 사상사에 큰 영향을 미쳤다.

소크라테스는 자신의 방식을 통해 사람들에게 '내가 아주 많은 것을 알고 있다고 자신하지만, 사실은 아무것도 모르고 있다'는 사실을 일깨워주고 싶어 했다. 하지만 사람들은 당연히 그의 방식을 좋아하지 않았다. 특히 아무에게나 질문을 던지고 그 사람이 더 이상 대답을 할 수 없을 때까지 몰아붙이는 방식은 앞에서도 잠시 언급했던 '프로불편러'의 모습처럼 보이기도 했다.

하지만 사실 소크라테스는 '프로불편러'와는 완전히 달랐다. 우리가 생활 속에서 흔히 보는 '프로불편러'의 목적은 오직 상대방이 틀렸음을 증명하는 것이다. 그래서 괜히 말도 안 되는 개념을 갖다 붙이거나 갑자기 전혀 상관없는 화제로 말을 돌리는 경향을 보인다. 하지만 소크라테스가 끊임없이 질문을 던지는 목적은 상대방이 중요한 문제를 더욱 명확하고 철저히 이해하게 끔 하는 데 있었다. 소크라테스는 자신의 무지를 잘 알고 있었고, 다른 아테네 시민들도 그것을 깨닫게 하고 싶었기에 많은 사람을 그토록 귀찮게 했던 것이다.

한편, 소크라테스는 도시 국가의 정치를 무지한 아테네 시민들에게 맡겨서는 안 된다고 주장했다. 그는 때때로 주제와 전혀 상관이 없어 보이는 질문을 던지며 대화를 시작했다.

"당신은 신발 수선이 필요할 때 누구를 찾아가오?"

그러면 사람들은 이렇게 대답했다.

"당연히 신발 수선공을 찾아가죠."

소크라테스는 이어서 비슷한 질문들을 했다.

"가구를 수리할 때는 누구를 찾아가오? 배를 정비할 때는 어디로 가야 하오?"

그러다가 상대방이 성가심을 못 견뎌 할 때쯤 정말로 하려던 질문을 던졌다.

"그렇다면 국가라는 큰 배의 정비는 누구에게 맡겨야 하오?"

소크라테스는 국가의 통치는 마땅히 정치에 정통한 사람에게 맡겨야 하며, 아무것도 모르는 사람의 손에 맡겨서는 안 된다고 주장했다. 당시 아테네 도시 국가는 모든 시민이 정치에 참여했지만, 대다수는 정치에 대해 무엇 하나 아는 것이 없었으며 국가를 어떻게 다스려야 하는지 몰랐다. 그래서 소크라테스가 이러한 질문을 했을 때 대부분 자신은 아테네의 정치제도와 무관하다고 대답했다.

이처럼 소크라테스는 아테네 시민들을 끊임없이 일깨워준 '등에'였다. 그는 더 많은 사람이 자신의 삶과 자신이 살아가는 사회의 여러 문제에 관심을 가지길 바랐다.

소크라테스가 남긴 유명한 말 중에 이런 것이 있다.

'반성하지 않은 삶은 살 가치가 없다.'

즉, 사람은 반드시 자기 삶을 반성해서 무엇이 옳고 그른 것인지 분명히 구분하고, 자신이 왜 그런 말과 행동을 했는지 이해해야 한다는 의미다. 자기 삶을 반성하지 않는 사람은 무의미한 인생을 살고 있는 것이다. 이전의 철학가들이 우주의 움직임과 규칙을 탐구하는 데 몰두했다면, 소크라테스는 사람의 마음에 더 많은 관심을 기울였다.

소크라테스의 '산파술'은 새로운 지식을 창조하지 않았지만,

사람들이 자신의 무지를 깨닫고 자기 삶과 사회의 갖가지 문제에 관하여 생각하도록 했다는 점에서 아주 중요한 역할을 했다.

하지만 안타깝게도 아테네 시민들은 그의 이런 노력을 이해하지 못했다.

Lesson 4

이제 다시 한 번 2400년 전 재판이 열리고 있는 법정으로 돌아가자.

법정에서 소크라테스는 아주 거만해 보이는 답변으로 배심원단을 분노하게 했고, 스스로 냉철하고 공정하다고 믿는 배심원단에게 사형을 선고받았다.

자신의 무지를 깨닫고 다른 사람의 무지를 깨닫게 해주는 것은 결코 쉬운 일이 아니다.

재판이 끝난 뒤 소크라테스는 다시 감옥에 갇히고 사형이 집행되기까지는 아직 한 달의 시간이 남아 있다. 사실 그는 이 한 달 동안 목숨을 지킬 기회가 있다. 아테네 법률상 그에게는 한 달 동안 면회가 허락되었고 감옥의 감시는 허술했기 때문에 마음만 먹으면 충분히 도망을 칠 수도 있다. 제자들은 그가 도망을

칠 수 있도록 돕겠다고 나서지만, 그는 끝내 거절한다. 그는 자신의 죄를 인정하지 않지만, 도망은 가지 않겠노라 말한다. 소크라테스가 자신의 생명을 소중하게 여기지 않은 것은 아니다. 그는 자신의 육체보다 영혼을 더욱 중요시하는데, 법률의 판결 또한 존중해야 한다고 생각한다.

사형 집행일 당일 간수는 소크라테스에게 독주를 가져다준다. 곁에 있던 그의 친구와 제자들은 마지막으로 성대한 만찬이라도 즐기고 가라며 독주를 나중에 마시라고 권한다. 하지만 소크라테스는 이마저도 거절한다.

"죽음을 앞두고 성대한 만찬을 즐기는 것이 무슨 소용이겠는가! 어서 독주를 건네주게."

소크라테스는 독주를 앞에 두고 말한다.

"이별의 순간이 찾아왔군. 나는 죽고 그들은 계속 살아가겠지. 누구의 선택이 옳았는지는 오직 하늘만이 알 걸세."

말을 마치고 소크라테스는 독주를 단번에 들이켠다. 그리고 이내 평온한 모습으로 세상을 떠난다.

Lesson 5

소크라테스의 죽음은 서양 철학의 중요한 분수령이 되었다. 소크라테스가 등장하기 이전의 철학은 '소크라테스 이전의 철학'으로 구분한다.

유럽 문화사에서 소크라테스는 진리를 추구하다가 죽음을 맞이한 성인으로, 중국의 공자만큼 높이 평가되고 있다. 소크라테스에 관한 이야기는 이 장에서 다룬 내용 외에도 무궁무진할 테지만, 우선 이 장에서는 소크라테스가 어떤 사람이었고 그가 제시한 '산파술'에 대해서도 살펴봤다. 그는 사람들에게 이런 교훈을 남겼다.

'세상에는 자신이 모르는 것이 많다는 사실을 마음속에 늘 되새기고, 언제나 가치 있는 생각을 유지해라. 이것이 바로 자기

자신과 사회에 대한 책임이다.'

부디 소크라테스의 말처럼 '내가 아는 것이 전부가 아니라는 사실'을 마음속에 늘 되새기며 살아가길 바란다.

다음 장에서 만나볼 철학가는 소크라테스의 가장 유명한 제자로, 어떤 면에서는 소크라테스보다 후세에 더 큰 영향을 미친 인물이다.

⟨ 소크라테스 ⟩

고대 그리스의 철학가로, 서양 철학의 기반을 다진 인물이다. 소크라테스는 저서를 한 권도 남기지 않았기에 그의 철학 사상은 플라톤 등 인물의 기록에서만 찾아볼 수 있다. 그는 아테네에서 열린 한 민주 재판에서 사형을 선고받고 죽음을 맞이했다.

◆ **고대 그리스의 3대 철학가**

소크라테스·플라톤·아리스토텔레스는 고대 그리스에서 가장
유명한 3대 철학가로, 고대 그리스 철학의 황금기를 대표하는
인물들이다.

◆ 산파술

산파술의 본질은 스스로 생각해서 깨닫고 문제를 해결하는 '계발식 교육'이다. 주로 문답의 형식을 이용하고 문제와 관련된 구체적 사례를 시작으로 점차 깊이 있는 내용을 탐구하며 잘못된 의견을 반박하는 과정에서 어떤 확실한 지식에 다다르는 방식이다.

11

플라톤

• 철인왕을 양성하다 •

이 장에서는 소크라테스의 가장 유명한 제자인 플라톤에 대해 살펴볼 것이다.

영국의 철학가이자 수학자인 화이트헤드는 이런 말을 했다.

"서양 철학 이천 년의 역사는 플라톤 철학의 각주에 불과하다."

이 말은 플라톤 이후의 철학가 대부분이 플라톤의 철학 사상을 해석하고자 노력했고, 그만큼 그의 영향력이 컸다는 의미로 이해할 수 있다.

화이트헤드의 말이 얼마나 과장되었는지 여부를 떠나 플라톤은 분명 서양 역사상 가장 위대한 철학가 중 한 사람이며, 서양 사상사에 지대한 영향을 끼친 인물이다.

하지만 그런 그가 처음부터 철학에 큰 관심이 있었던 것은 아니다.

플라톤은 귀족 가문에서 태어났다. 그의 아버지는 아테네 군주의 후손이었고, 어머니 역시 명문 귀족 가문 출신이었다. 플라톤의 생부는 안타깝게도 그가 아주 어렸을 때 세상을 떠났지만, 그는 계부 덕분에 어려서부터 훌륭한 교육을 받고 자랐다.

플라톤은 문학 창작에 소질이 있었고, 그 외에도 다양한 분야에 재능을 보였다. 플라톤이 살았던 시대는 마침 고대 그리스 희극이 한창 흥행하던 시기였다. 그래서 그는 공연을 보러 극장에 자주 다녔고, 나중에는 직접 시를 쓰기도 했다. 플라톤은 예술을 사랑하는 문학청년이었을 뿐만 아니라 뛰어난 운동선수이기도 했는데, 그의 이름이 이러한 사실을 증명해준다.

사실 플라톤의 진짜 이름은 아리스토클레스다. '플라톤'이라는 이름은 그의 체육 선생님이 지어준 것이다. 플라톤은 그리스어로 '넓다'는 의미인데, 그의 떡 벌어진 어깨 때문에 붙은 별명이라고 전해진다.

널찍한 어깨와 근육질 몸매를 소유한 플라톤의 모습이 상상되는가?

플라톤의 인생은 21세 되던 해에 중요한 전환점을 맞이한다. 그해 플라톤은 한 철학가의 강연을 듣게 되는데, 이후 완전히 그의 매력에 빠져버리고 말았다. 그 철학가가 바로 소크라테스였다.

강연을 듣고 집에 돌아온 플라톤은 그동안 창작한 시를 모두 태워버렸다. 그는 앞으로 철학을 공부해 철학가가 되겠노라 결심했다. 이후 플라톤은 소크라테스의 제자가 되었다.

소크라테스가 사형을 선고받고 독주를 마신 그해 플라톤의 나이는 29세였다. 그는 소크라테스가 사형으로 죽음을 맞이하는 모든 과정을 지켜봤는데, 이 일로 적지 않은 충격을 받았다. 사실 그가 가장 충격을 받은 부분은 소크라테스에게 이러한 판결을 내린 사람들의 우매함이었다.

플라톤은 "우리가 알고 있는 모든 사람 중 가장 용감하고 현명하며 정직한 사람은 소크라테스다"라고 말한 적 있다.

플라톤은 아테네의 정치제도에 분명 문제가 있다는 것을 알았지만, 과연 어떤 정치제도가 좋은 것인지는 잘 몰랐다. 그래서 그는 아테네를 떠나 10여 년간 여행을 다니며 각 지방의 정치제도를 살펴봤다. 그런데 어느 지방을 가도 아테네보다 나은 곳을 찾을 수 없었고, 오히려 엉망인 곳이 더 많았다. 그는 자신이 원하던 답을 찾지 못했을 뿐만 아니라 시실리아섬에서는 왕에게 미움을 사 하마터면 목숨을 잃을 뻔했다. 결국 플라톤은 다음과 같은 결론에 도달했다.

'이상적인 국가는 철학가가 통치하거나 통치자가 철학가일 때 만들어진다.'

플라톤은 한 나라의 왕은 철학가의 왕, 즉 '철인왕'이어야 한다고 생각했다.

Lesson
2

그럼 어떻게 하면 '철인왕'을 양성할 수 있을까?

플라톤의 스승 소크라테스는 아테네 광장을 자신의 학습 장소로 삼았지만, 플라톤은 여기에서 한 걸음 더 나아가 진정한 대학을 세우기로 결심했다.

플라톤은 여러 지인의 도움으로 토지를 매입해 오늘날 고등 교육기관에 해당하는 학교를 설립했다. 이 학교는 고대 그리스 신화의 영웅 아카데모스의 신전 옆에 세워졌기 때문에 '아카데메이아'라고 불렀다.

이렇게 해서 서양 최초의 종합대학이 설립되었다.

아카데메이아는 교실, 대회의실, 운동 시설뿐만 아니라 그리스 신화 속 예술의 여신들인 뮤즈의 성소 등 비교적 완벽한 시설을 갖추고 있었다. 그리스의 우수한 청년들은 모두 이곳으로 모여들었고, 대개 몇 년씩 머물렀다. 물론 평생을 머무르는 사람도 있었다.

플라톤이 설립한 이 학교는 무려 900년 동안이나 운영되었다. 900년이란 얼마나 긴 시간일까? 대략 중국의 북송 시대 말부터 현재까지라고 생각하면 된다. 서양에서는 아카데메이아의 영향이 워낙 컸기 때문에 '아카데미(academy)'라는 단어를 '학술기관'을 가리키는 의미로 사용하게 되었다.

플라톤이 아카데메이아를 설립한 주요 목적은 자연과학과 철학에 능통하고 국가를 잘 다스릴 수 있는 인재, 즉 그가 말한 '철인왕'을 양성하기 위해서였다.

플라톤은 자신이 '철인왕'을 양성하려는 이유를 한 가지 비유로 설명했다.

Lesson
3

플라톤은 이것을 '동굴의 비유'라고 불렀다.

이 세상이 하나의 동굴이라면 인류는 동굴 안에 갇힌 죄수다. 햇볕이 들지 않은 캄캄한 동굴 속에 사람들이 갇혀 있다고 상상해보자. 동굴에는 바깥으로 향하는 좁은 길이 하나 있지만, 동굴 안에 갇힌 사람들은 이 길의 존재를 알지 못한다. 사람들은 동굴 밖으로 한 번도 나간 적이 없고 쇠사슬로 몸이 묶여 있기 때문에 꼼짝없이 동굴 벽만 바라보고 있어야 한다. 그들의 뒤에는 낮은 벽이 있고 벽 뒤쪽으로는 불이 지펴져 있다. 이곳에서 사람들이 여러 물체를 들고 왔다 갔다 걸어 다닌다. 벽 건너편 죄수들이 바라보는 벽면에 물체의 그림자가 비치고 있다. 죄수들은 오직 이 그림자만 볼 수 있는데, 그들은 이것이 실제 세상이라고 믿는다.

그러던 어느 날 한 죄수가 몸에 묶인 쇠사슬에서 가까스로 벗어나 뒤를 돌아보니 낮은 벽과 불이 보였다. 그는 자신이 진짜 세상의 모습이라고 믿었던 것이 물체의 그림자였음을 알고 깜짝 놀랐다. 그래서 그는 몰래 동굴에서 도망쳐 나갔고 동굴 밖에서 햇볕 아래 펼쳐진 진짜 세상을 만났다. 그제야 그는 자신이 그동안 동굴에 갇혀 그림자에 현혹되어 있었음을 깨달았다. 그는 동굴 안에 있는 사람들에게 진실을 알려주고 싶은 마음에 위험을 무릅쓰고 다시 동굴 안으로 들어가 말했다.

"이곳에 보이는 것은 모두 허상의 그림자일 뿐이에요. 저와 함께 동굴 밖으로 나갑시다. 제가 진짜 세상을 보여드릴게요!"

하지만 다른 죄수들은 그의 말을 믿지 않았고 오히려 그를 정신 나간 사람 취급을 했다. 심지어 그를 때려죽여야 한다고 말하는 이도 있었다. 이유는 그가 감히 자신들이 믿고 있는 세상을 거짓이라고 말했기 때문이다.

자, 그럼 이 비유에서 동굴을 탈출했다가 사람들에게 세상의 진실을 알려주려고 되돌아간 인물은 과연 누구일까? 이 비유를 이야기한 사람이 누구이고, 그가 가장 존경한 사람이 누구였는지 생각해보면 정답을 쉽게 찾을 수 있다.

그렇다. 플라톤이 '동굴의 비유'에서 이야기한 사람은 바로 스승 소크라테스였다!

동굴에서 탈출했다가 다시 돌아온 사람이 소크라테스라는 것을 알았다면, 이 비유를 조금 더 쉽게 이해할 수 있다.

대부분의 사람은 자신의 무지를 인식하지 못한다. 그때 세상의 진상을 꿰뚫어 보고 그것을 사람들에게 알려주려는 누군가가 나타난다. 철학가들은 세상의 진짜 모습을 발견하는 사람들이다. 그런데 그들에게는 진리를 탐구하는 것 외에도 가능한 한 많은 사람의 삶을 변화시키고 국가를 다스릴 의무가 있다. 동굴에서 탈출한 그 사람처럼 말이다. 그는 동굴로 돌아가지 않고 오색찬란한 대지에서 진짜 세상을 즐길 수 있었다. 하지만 그는 사람들을 구하러 다시 캄캄한 동굴로 돌아갔고 그들이 우매하고 무지한 상태에서 벗어날 수 있도록 이끌었다. 사람들에게 온갖 멸시와 모욕을 당하고 심지어 목숨을 잃는다 해도 말이다.

플라톤은 스승 소크라테스가 아테네 법정에서 사형당하는 과정을 지켜봤고, 이를 통해 철인과 민중의 차이를 분명히 깨닫게 되었다.

플라톤은 "철학가가 왕이 되거나 왕이 철학가가 되어야 세상이 평화롭다"라고 말했다. 그래서 학교를 설립해 건전한 사상을 가진 인재를 양성했다. 그리고 그들이 학교를 떠난 후 나라를 다스리는 일에 참여할 수 있도록 독려했다.

플라톤이 말한 '철인왕'은 중국 문화의 '내성외왕(內聖外王)'의 개념과 비슷하다. 중국에서는 이상적인 제왕이란 안으로는 성인의 덕을 쌓고 밖으로는 왕의 도리를 행하는 사람이라고 여겼다. 다만 중국에서는 철학가 개인의 도덕적 수양을 강조했다면, 플라톤은 철학가의 가장 중요한 사명으로 세상의 진리 탐구를 손꼽았다.

그렇다면 플라톤은 어떠한 관점으로 세상을 바라봤을까?

Lesson
4

'동굴의 비유'로 다시 돌아가자.

이 비유에서 동굴에 갇힌 사람들은 무지하고 동굴 벽에 비친 물체의 그림자가 진짜 세상의 모습이라고 믿고 있다. 하지만 진짜는 그림자가 아니라 물체다.

이 부분을 어떻게 이해할 수 있을까? 플라톤은 우리 눈 앞에

펼쳐진 세상은 진실한 세상이 아니므로 반드시 이면에 있는 '이데아'의 세상을 찾아야 한다고 말한다. 나무와 과일 그리고 정의와 선량함 등 우리가 눈으로 보고 또 이야기하는 모든 것에는 대응하는 '이데아'가 있다. 동굴 안에 있던 진짜 물체들처럼 말이다.

그림자는 때에 따라 사라지기도 하고 모습이 변하기도 한다. 하지만 그림자를 만드는 물체는 변하지 않는다. 다시 말해 구체적인 사물은 변할 수 있지만 '이데아'는 영원하다는 의미다.

예를 들어보자. 당신이 사과 한 알을 먹었다면 사과의 실체는 이미 사라졌지만, 사과라는 '이데아'는 영원히 변하지 않는다. 또 세상에는 '정의'의 의미를 오해하거나 심지어 정의롭지 못한 일을 하는 사람도 있다. 하지만 그렇다고 '정의'에 대한 '이데아'가 변하는 것은 아니다.

플라톤은 우리가 바라보는 세상은 각종 '이데아'에 대한 모방이고, 만물은 각자 대응하는 '이데아'를 실현하기 위해 노력한다고 말했다.

묘목이 다른 사물이 아닌 나무로 자라나는 것은 그 안에 '나무'의 이데아가 있기 때문이다. 우리가 생활 속에서 만나는 이러한 구체적인 사물들은 이데아의 모방이고 완벽하지 않은 것들이다. 목수가 책상을 만들어낼 수 있는 것은 그의 머릿속에 '책상'이라는 이데아가 있기 때문이다. 하지만 만들어진 책상들이 모두 완벽하다고 볼 수는 없다. 그러나 이데아는 완벽하다.

앞에서 피타고라스가 했던 이야기를 기억하는가? 우리는 머릿속으로 완벽한 원을 상상할 수 있지만, 현실에서 완벽한 원을 그려내기란 불가능하다. 이것을 플라톤의 말로 설명하면, 우리 머릿속에 '원'에 관한 이데아가 있고 우리가 생활 속에서 보는 것은 이 이데아의 모방인 셈이다.

여기서 이런 의문이 들 수도 있다.

'우리 생활 속에는 완벽한 원이 없는데, 왜 머릿속에는 완벽한 원에 대한 이데아가 존재하는 것일까?'

Lesson
5

일상에서 볼 수 있는 원들, 이를테면 동그란 쟁반, 동그란 바퀴, 동그란 케이크 등은 모두 완벽하지 않은 원이다. 그렇다면 보는 이는 관찰을 통해 원에 대한 '이데아'를 형성한 것이 아니다. 이데아가 경험을 통해 얻어지는 것이 아니라면 과연 이데아는 어떻게 형성되는 걸까?

플라톤은, 이데아는 사람이 태어나기 전부터 아는 것이라고 설명했다. 그는 사람이 태어나기 전에 이미 이데아의 세상(전생의 개념과도 유사하다)을 모두 봤지만, 세상에 태어나면서 이전에 보고 들은 이데아의 세상을 대부분 잊어버린다고 주장했다. 따라서 사람이 지식을 학습하는 과정은 사실 이데아에 대한 '기억'을 되살리는 과정이라고 볼 수 있다.

플라톤의 관점에 따르면 모든 사물의 배후에는 그것에 해당하는 이데아가 있다. 이데아는 영원하고 완벽하며 사람이 선천적으로 지니고 태어나는 것이다.

그의 이러한 관점을 후대 사람들은 '객관적 관념론'으로 정리했고, 이는 수많은 철학가에게 큰 영향을 미쳤다.

플라톤은 명실상부한 고대 그리스의 위대한 철학가이자 사상가였다. 그는 정치, 경제, 교육, 체육, 사랑 등에 관한 다양한 사상을 펼쳤다. 그의 모든 사상을 다 이해하려면 이 책의 모든 장을 할애해도 모자랄 것이다.

이 장에서는 간략히 그의 생애와 주요 사상에 대해서만 알아봤다. 플라톤에 대해 조금 더 자세히 알고 싶다면 관련 자료들을 찾아보길 바란다.

플라톤은 이런 말을 남겼다.

"철학은 호기심에서 출발한다."

이 책을 통해 고대 그리스 철학과 그 철학가들의 관점에 호기심이 생겨 더 많은 책과 자료를 찾아본다면 이 책을 쓴 작가로서는 더할 나위 없이 기쁠 것이다.

《 플라톤 》

플라톤은 서양 철학사에서 가장 위대한 철학가이자 사상가로
손꼽히며 서양 사상사에 지대한 영향을 미쳤다. 그는 문학뿐만
아니라 각종 운동 종목에서도 뛰어난 재능을 보였지만, 소크라
테스의 영향을 받아 철학가가 되었다.

◆ 아카데메이아

플라톤은 서양 최초의 종합대학인 아카데메이아를 설립했는데, 이 학교는 무려 900년 동안이나 운영되었다. 학술기관을 의미하는 'academy'라는 단어도 여기에서 유래했다. 플라톤이 아카데메이아를 설립한 목적은 자연과학과 철학을 모두 이해하고 국가를 다스릴 수 있는 '철인왕'을 양성하기 위해서였다.

◆ 동굴의 비유

플라톤은 '동굴의 비유'를 통해 눈에 보이는 세상이 아니라 그 이면에 있는 '이데아'의 세상을 봐야 한다고 주장했다. 또한 세상에는 자신의 무지를 인식하지 못하는 사람이 많은데, 진실을 꿰뚫어 보는 누군가가 나타나 사람들을 이끌어줘야 한다고 생각했다.

◆ 객관적 관념론

모든 사물의 배후에는 이데아가 있다. 이데아는 영원하고 완벽하며 사람이 선천적으로 지니고 태어나는 것이다. 이러한 관점을 후대 사람들은 '객관적 관념론'으로 정리했고, 이는 수많은 철학가에게 큰 영향을 미쳤다.

12

아리스토텔레스

• 스승은 항상 옳은 걸까? •

벌써 고대 그리스의 3대 철학가 중 두 명을 만나봤다. 자, 그럼 이 장에서는 그 마지막 인물인 아리스토텔레스에 대해 살펴보자.

이 3대 철학가들의 관계는 매우 흥미롭다. 플라톤은 소크라테스의 제자였고, 아리스토텔레스는 바로 플라톤의 제자다. 이러한 관계는 고대 중국에서도 찾아볼 수 있는데, 일찍이 공자는 노자에게 가르침을 받았고 맹자 역시 공자의 사상을 계승했다.

소크라테스, 플라톤, 아리스토텔레스 이 셋은 거듭 말하지만 서양 철학에서 가장 유명한 인물이다. 이 중 아리스토텔레스는 고대 그리스의 학문을 집대성하고 서양 과학의 기반을 다진 인물이다.

그런데 우리는 학교에서 아리스토텔레스의 위대한 성과보다 그의 이론 어디가 잘못되었는지, 과학자들이 그것을 어떻게 증명해냈는지에 관하여 더 많이 배웠지 싶다.

두 가지 사례를 살펴보자.

첫 번째 사례는 물리학을 배운 사람이라면 쉽게 이해할 수 있을 것이다. 아리스토텔레스는 물체가 무거울수록 떨어지는 속도가 더 빠르다고 주장했다. 예를 들어 어떤 물체의 중량이 다른 물체의 두 배라면 추락하는 속도도 두 배 빠르다는 의미다.

그러나 훗날 이탈리아의 과학자 갈릴레이는 아리스토텔레스의 이론이 틀렸음을 유명한 '피사의 사탑 실험'을 통해 증명해냈다. 그는 피사의 사탑에 올라가 하나는 가볍고 하나는 무거운 두 개의 물체를 동시에 떨어뜨리는 실험을 했는데, 그 결과 물체는 동시에 땅에 떨어졌다. 가벼운 물체(깃털 등)가 천천히 땅에 떨어지는 이유는 무게의 영향보다는 공기의 저항이 크기 때문이다.

물론 갈릴레이가 이 실험을 한 적이 없다는 이야기도 있지만, 어쨌든 아리스토텔레스의 이론이 틀렸음은 논쟁의 여지가 없다.

두 번째 사례로, 아리스토텔레스는 모든 운동 물체에는 기동자(mover)의 힘이 작용한 것이라고 주장했다. 하지만 훗날 위대한 과학자 뉴턴은 운동 제1 법칙을 통해 그의 이론이 틀렸음을 증명했다. 뉴턴은, 물체의 운동은 힘에 의한 것이 아니라 그 운동 상태의 변화에 의한 것이라고 말했다. 그럼 공이 굴러가다가 멈추는 이유는 무엇일까? 그것은 지면의 마찰력이 작용해 운동 상태가 변화했기 때문이다.

우리가 공부하는 물리학 교과서에서 아리스토텔레스의 이미지는 썩 좋은 편이 아니다. 그럼에도 그의 학설을 공부해야 하는 이유는 무엇이고, 그가 서양 과학의 기반을 다졌다고 평가하는 이유는 무엇일까?

먼저 다음 질문에 대한 답을 생각해보자.

'과연 세계 신기록이 존재하는 이유는 무엇일까?'

아마도 대부분 이 기록을 세운 사람의 위대함을 기억하기 위해서라고 생각할 것이다. 물론 이러한 생각도 틀린 것은 아니다.

그런데 세계 신기록이 존재하는 이유가 그것을 깨기 위한 것이라고 한다면 이해할 수 있겠는가?

이 의미를 이해한다면 '권위'가 존재하는 의미도 이해할 수 있을 것이다.

그렇다. 권위가 존재하는 의미는 그것을 무너뜨리기 위해서다. 조금 황당한 이야기처럼 들릴지 모르겠지만 사실이 그렇다. 아리스토텔레스는 스승인 플라톤의 권위에 도전했고, 스스로 권위 있는 학자가 되었다. 하지만 결국 그의 관점과 이론도 시간이 흐르면서 권위를 잃게 되었다.

그렇다고 해서 그들의 업적을 과소평가해서는 안 된다. 세상에 대한 인류의 인식은 이러한 과정을 통해 새롭게 바뀌고 발전하기 때문이다.

비록 후대에 이르러 아리스토텔레스의 여러 관점이 잘못된 것으로 밝혀졌지만, 당시에 그는 다양한 분야에서 비교적 체계적인 학설을 내놓았고 물리학, 생물학, 천문학, 심리학, 논리학, 정치학 등 분야에 기반을 다지는 데 중요한 역할을 했다. 이런 점에서 보면 그는 그 시대에 '살아 있는 백과사전'이라고 불릴 만큼 뛰어난 학자였다. 오늘날 우리가 아리스토텔레스를 기억하고 그의 사상을 공부하는 것도 바로 이러한 이유에서다.

아리스토텔레스가 다양한 학문에 관심을 가질 수 있었던 것은 집안의 영향이 크다.

아리스토텔레스는 고대 그리스의 스타게이로스라는 작은 도시에서 태어났다. 이 지역은 아테네에서 상당히 먼 곳이었다. 그의 아버지는 마케도니아 국왕의 주치의였다. 그 영향 덕분에 그는 의학과 생물학에 관심이 많았다. 17세 되던 해에 그는 아테네에서 공부하기로 결심했다.

아리스토텔레스는 아테네에서 무엇을 공부하려 했던 것일까? 당시 사람들은 중요한 결정을 내릴 때 신에게 미래를 묻고는 했는데, 점술가는 그에게 아테네에 가서 철학을 공부해야 한다고 말해줬다. 그는 기왕에 철학을 공부하려면 그 시대 최고의 철학가 밑에서 해야겠다고 생각했다. 그렇다면 당시 최고의 철학가는 누구였을까? 바로 플라톤이었다.

아리스토텔레스는 아카데메이아를 찾아갔고, 그곳에서 무려 20년이라는 시간을 보냈다. 플라톤은 '아카데메이아의 예지'라는 별명을 붙여줄 만큼 아리스토텔레스를 아끼고 사랑했다. 하지만 점점 더 깊이 공부할수록 아리스토텔레스는 플라톤의 학설에 만족하지 못했는데, 급기야 스승과 논쟁을 벌이기 시작했다. 그때 플라톤은 상심하며 말했다.

"아리스토텔레스는 어미젖을 다 빨아먹고 발로 차는 망아지 같구나!"

이에 대해 아리스토텔레스는 이런 명언을 남겼다.

'스승은 귀하다. 하지만 진리는 더 귀하다.'

이 말인즉슨, 나는 스승님을 존경하지만 스승님의 관점이 잘못되었다면 반대 의견을 내놓을 수밖에 없다는 뜻이다.

중국에도 이와 비슷한 맥락의 말이 있다. 바로 공자가 한 말이다.

'인을 행함에는 스승에게도 양보하지 않는다(當仁, 不讓於師).'

모든 제자가 스승의 권위에 도전하는 것을 두려워하고 독립적인 사고 없이 무조건 스승의 의견에 동의하기만 한다면 인류는 지금과 같은 발전을 이루지 못했을 것이다.

　앞 장에서 살펴본 플라톤의 중요한 관점을 기억하는가? 플라톤은 우리가 경험하는 구체적인 세상은 진짜가 아니라 이데아의 모방일 뿐이라고 주장했다. 그는 '동굴의 비유'에서 동굴 벽에 비친 그림자를 진짜 세상의 모습으로 착각하고 살아가는 사람이 되지 않으려면 눈앞의 사물에 현혹되지 말아야 한다고 주장했다.

　그러나 아리스토텔레스는 어려서부터 오색찬란한 대자연을 경험하며 자랐다. 그는 해와 달과 별 그리고 각종 동식물을 관찰하고 연구하는 과정에서 커다란 즐거움을 느꼈기 때문에 경험을 굉장히 중시했다. 그는 사물에 대한 감각과 이데아를 굳이 분리해 생각할 필요가 없다고 주장했다. 예컨대 '초록색'이란 초록색 이파리나 초록색 깃털 같은 구체적인 사물에서 볼 수 있는 것인데, '초록색'이라는 완전히 독립된 구체적 사물은 세상에 없다.

이처럼 아리스토텔레스가 세상을 바라보는 관점은 스승인 플라톤과 처음부터 달랐다.

아리스토텔레스는 스승의 권위에 감히 맞설 수 있는 사람이었는데, 나중에 스스로 여러 분야의 권위자가 되었다. 훗날 여러 학자가 그의 이론이 틀렸음을 증명하면서 이러한 권위는 무너졌지만, 이런 과정을 통해 인류 문명은 계속 발전할 수 있었다.

권위라는 것은 그냥 무너뜨리고 마는 게 아니라 반드시 아리스토텔레스처럼 탁월한 성과와 학문에 대한 열정으로 자기 자신을 증명해낼 수 있어야 한다.

그렇다면 아리스토텔레스는 플라톤의 어떤 관점에 의문을 품은 것일까?

Lesson
3

지금 '물고기'라는 단어를 말하면 당신의 머릿속에는 어떤 이미지가 떠오르는가? 어항 안의 금붕어가 떠오르는 사람도 있고, 시장에서 사 온 싱싱한 생선이 떠오르는 사람도 있을 것이다. 그럼 이번에는 완전히 독립된 사물로서의 '물고기'를 떠올려보자.

그것은 이 물고기도 저 물고기도 아닌, 그저 하나의 개념으로서의 '물고기'다. 결코 쉽지 않을 것이다.

아리스토텔레스는 '구체적인 사물은 그것의 이데아와 완전히 분리할 수 없다'고 주장했다. 이처럼 아리스토텔레스가 세상을 인식하는 방식은 플라톤과 완전히 상반되었다. 플라톤은 사람이 태어나기 전에 이미 '이데아의 세상'을 접하고 태어난 이후에는 학습을 통해 이데아의 세상에 대한 기억을 되살린다고 말했다. 한편 아리스토텔레스는 소위 '이데아'라고 하는 것을 사람들이 실생활에서 구체적 사물을 감지한 후에 만들어지는 '개념'으로 이해했다. 다시 말해 사람들은 갖가지 구체적인 물고기의 모습을 보고 머릿속에서 물고기의 추상적인 개념을 만들어낸다는 것이다.

플라톤과 아리스토텔레스의 논쟁은 결코 사소한 일이 아니었다. 유럽의 르네상스 이후 데카르트를 중심으로 한 '합리론'과 베이컨을 중심으로 한 '경험론'은 이 주제로 100년 넘게 논쟁을 벌였다. 이들은 조금 다른 과점에서 인류의 지식은 선천적인 관념인지, 후천적인 경험에서 오는 것인지에 대한 답을 찾고자 했다. 이 합리론과 경험론의 뿌리는 바로 플라톤과 아리스토텔레스였다.

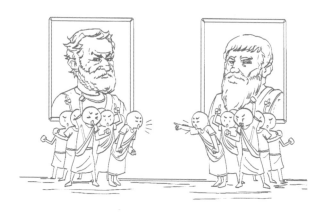

　아리스토텔레스와 스승의 논쟁은 플라톤이 세상을 떠날 때까지 계속되었다. 이후 아리스토텔레스는 아카데메이아를 떠났고, 마케도니아 국왕의 요청으로 8년 동안 마케도니아 왕자의 스승이 되어줬다. 이 왕자는 바로 그리스를 통일하고 이집트를 점령하며 페르시아를 정복한 알렉산드로스 대왕이었다.

　아리스토텔레스는 알렉산드로스 왕자가 국왕의 자리를 물려받자 아테네로 돌아와 리케이온이라는 체육관 옆에 자신의 학교를 설립했다. 이 학교는 북서쪽의 아카데메이아와 성을 하나 두고 서로 마주하고 있었다. 그가 설립한 학교 안에는 가로수들과 분수들이 운치 있게 펼쳐져 있었다. 그는 이곳을 산책하면서 제자들과 토론했다. 이 얼마나 멋진 수업 방식인가! 후대 사람들은 아리스토텔레스가 창시한 학파를 '소요학파'라고 불렀다.

당시 철학은 거의 모든 학문과 세상 모든 만물을 다루는 학문이었다. 아리스토텔레스는 오전에는 학생들에게 생물학이나 물리학 등을 가르치고 오후에는 수사학이나 정치학 등을 가르치는 방식으로 수업을 했을 것이다.

그러나 오늘날 철학은 오직 우리가 살아가는 세상과 인생에 대해 생각하는 학문이고, '철학'이라는 제대로 된 이름도 생겼다.

아리스토텔레스의 제자들은 스승의 저작들을 정리하면서 물리학에 해당하지 않고 정치학과도 관련이 없으며 문학이나 예술과도 거리가 먼 내용들을 모아 'metaphysic'이라고 이름을 붙였다. 이것은 '-뒤에'라는 뜻의 접두사 'meta'에 '물리'라는 뜻의 'physic'이 붙어 만들어진 단어로, '물리학 그 이후'라는 의미를 담고 있다. 나중에 이 단어는 '형이상학'이라고 번역되었다. 앞서 살폈던 지식의 기원에 관한 아리스토텔레스의 관점들은 모두 이 형이상학에 해당한다.

아리스토텔레스의 형이상학은 두 가지 핵심적인 주제를 다룬다.

첫째, 인생의 의미는 무엇일까? 둘째, 인생에서 가장 큰 행복은 무엇일까?

아리스토텔레스는 모든 유기체는 잠재 능력을 갖고 있고, 그것은 어떤 방향으로 꾸준히 발전해 나아가려는 가능성이라고 생각했다. 예를 들어 씨앗이 싹을 틔우고 꽃을 피우며 열매를 맺는 것처럼 말이다. 온 우주와 우주 안에 있는 사물은 더 나은 방향으로 발전하고 있는데, 그는 이것을 '선(善)'이라고 불렀다. 씨앗에 가장 큰 '선'은 싹을 틔우고 꽃을 피우며 열매를 맺는 것이다. 그는 '대리석은 잠재적인 조각상'이라고 설명하면서 대리석이 다듬어져 조각상이 되는 가능성을 현실화하는 것이 곧 '선'이라고 말했다.

사람도 마찬가지다. 사람이 행동을 통해 자신의 가능성을 현실화할 수 있다면, 그것이 곧 행복이다. 예컨대 내 손으로 꽃씨를 심어 정성 들여 가꾸고 아름다운 꽃을 피우는 것을 보는 게 바로 행복이다. 또 매일 피아노 연습을 열심히 해 아름다운 음악을 연주하는 것이 바로 행복이다. 그렇다면 인생에서 가장 큰 행복이란 무엇일까? 아리스토텔레스는 사람에게 가장 큰 행복은 이성적인 사고를 할 수 있는 것이라고 말했다.

이 책을 읽고 책 속의 내용을 통해 사고하는 법을 배웠다면,

당신은 아리스토텔레스의 말대로 인생의 가장 큰 행복을 누릴
수 있다.

아리스토텔레스는 평생 인생의 행복을 추구했다. 그는 다양한
학문을 탐구하고 생각하는 것을 좋아했으며 이 세상과 인생의
진리를 발견하고 싶어 했다. 비록 시대적 한계 때문에 그의 여러
이론이 나중에 틀린 것으로 밝혀졌지만, 그럼에도 그의 영향력
은 위대했다. 그런 만큼 소크라테스, 플라톤과 함께 고대 그리스
의 3대 철학가로 불리는 데 전혀 손색이 없다.

이제 아리스토텔레스가 남긴 명언으로 이 장을 마칠까 한다.

'교육은 번영의 시기에는 빛을 더해주는 장식품이고 역경의
시기에는 피난처다.'

《 아리스토텔레스 》

고대 그리스 3대 철학가 중 한 사람으로, 권위에 도전하기를 두려워하지 않았다. 아리스토텔레스의 이론 대부분은 틀린 것으로 밝혀졌음에도 그를 위대한 인물로 평가하는 이유는 무엇일까? 그 이유는 역사적인 인물을 평가할 때 그가 살았던 시대적 상황까지도 살펴봐야 하기 때문이다. 아리스토텔레스는 당시 '살아 있는 백과사전'이라고 불릴 만큼 뛰어난 학자였다. 그리고 그의 관점이 틀렸음을 증명하는 것 역시 인류가 새로운 과학의 원리를 깨닫고 인식을 넓히는 중요한 과정이었다.

◆ **스승은 귀하다. 하지만 진리는 더 귀하다**

스승은 마땅히 존경해야 하지만 스승의 관점이 잘못되었다고 판단하면 자신의 의견을 말하고 함께 토론해야 한다. 중국의 공자 역시 '인(仁)을 행함에는 스승에게도 양보하지 않는다'는 비슷한 맥락의 말을 남겼다.

◆ 아리스토텔레스의 제자

알렉산드로스 대왕은 아리스토텔레스의 제자였다. 그는 그리스를 통일했을 뿐만 아니라 이집트를 정복하고 페르시아 제국을 멸망시킨 대단한 정복자다. 아리스토텔레스는 알렉산드로스 대왕에게 많은 영향을 줬고 여전히 논쟁의 여지는 남아 있지만, 둘의 관계는 아주 좋았던 것으로 알려져 있다. 알렉산드로스 대왕은 동방 정벌의 여정 중에도 아리스토텔레스가 연구할 수 있도록 동식물의 표본을 계속 보내줬다고 한다.

◆ 형이상학

형이상학은 세상의 본질을 연구한다. 즉 모든 존재, 모든 현상 (특히 추상적인 개념)의 원인과 근원을 연구하는 학문이다. 아리스토텔레스가 처음 만들었을 때는 '제1 철학', '제1 과학'이라고 불렀다. 영어로는 'metaphysic'이고 '물리학 그 이후'라는 의미를 담고 있다. 아리스토텔레스의 제자들은 그의 저작들 중 물리학이나 정치학에 해당하지 않고 문학이나 예술과도 거리가 먼 내용들을 이 명칭으로 모아 정리했다.

◆ 아리스토텔레스의 '행복'에 관한 정의

아리스토텔레스는 모든 유기체는 잠재 능력을 갖고 있고, 그것은 어떤 방향으로 꾸준히 발전해 나아가려는 가능성이라고 생각했다. 온 우주와 우주 안에 있는 사물은 더 나은 방향으로 발전하고 있는데, 아리스토텔레스는 이것을 '선(善)'이라고 불렀다. 그는 사람이 행동을 통해 자신의 가능성을 현실화할 수 있다면 그것이 곧 행복이며, 사람에게 가장 큰 행복은 이성적인 사고를 할 수 있는 것이라고 말했다.

13

디오게네스

• 내 태양을 가리지 마시오 •

앞 장에서는 고대 그리스 3대 철학가 중 마지막 인물인 아리스토텔레스에 대해 알아봤다.

아리스토텔레스에게는 아주 대단한 제자가 하나 있었는데 누구였는지 기억하는가? 그렇다. 바로 마케도니아 필리포스 2세의 아들 알렉산드로스 대왕이다. 알렉산드로스 대왕은 13년에 걸쳐 그리스를 통일했다. 그뿐만 아니라 이집트를 정복하고 페르시아 제국을 멸망시켰으며 대군을 이끌고 인도까지 진격했다. 알렉산드로스 대왕은 철학가는 아니었지만, 그의 동방 정벌은 고대 그리스의 철학뿐만 아니라 문화에도 큰 영향을 미쳤다. 그의 제국은 아시아, 아프리카, 유럽 세 대륙에 걸쳐 있었기에 고대 그리스 문화를 아시아에 전파할 수 있었다.

이렇듯 고대 그리스 문화는 널리 전파되었지만, 시간이 흐르면서 고대 그리스 철학은 점점 쇠락의 길을 걸었다. 이 장에서 소개할 철학가는 바로 이 쇠락의 시대를 살았던 인물인 디오게네스다.

먼저 고대 그리스 철학이 왜 쇠퇴하기 시작했는지부터 알아보자.
이 문제에 답을 찾으려면 고대 그리스 철학의 탄생이 무엇과
연관이 있었는지 기억해봐야 한다.

바로 도시 국가다. '폴리스'라 불리는 그리스 도시 국가에서는
사람들이 자유롭게 생각을 교류할 민주적인 분위기가 잘 갖춰
져 있었고, 일부 귀족과 부유한 상인들에게는 미지의 영역을 탐
색할 충분한 여유가 있었다.

하지만 이 모든 것은 소크라테스가 사형을 당하면서 조금씩
변하기 시작했고, 소크라테스의 손제자인 아리스토텔레스가 살
던 시대에 이르러 가속화되었다. 아리스토텔레스의 죽음은 정
치적인 문제와 관련이 있었다. 그는 알렉산드로스 대왕이 죽은
후 마케도니아 왕국을 반대하던 아테네 사람들로부터 공격을
받았다. 아리스토텔레스는 할 수 없이 아테네를 떠나 유랑생활
을 해야 했고, 1년이 채 되지 않은 어느 날 세상을 떠났다. 이때
부터 철학가는 고위험군 직업으로 분류되었다. 게다가 고대 그
리스 각지에서 벌어진 전쟁 때문에 사회질서도 많이 무너진 상
태였다.

플라톤이 '철인왕'을 양성해 세상의 변화를 꿈꿀 때 사람들은 점점 더 비관적으로 변해갔다. 그들은 이 사회에는 더 이상 희망이 없다고 생각했는데, 세상이 더 좋아질 거라고는 믿지 않았다.

디오게네스도 그중 하나였다. 디오게네스는 플라톤과 동시대 사람이었고 아리스토텔레스보다 나이가 더 많았지만, 그를 통해 폴리스의 쇠퇴가 철학에 미치는 영향을 확인할 수 있기 때문에 아리스토텔레스보다 뒤에 소개하는 것이다.

디오게네스는 시노페 출신인데, 그곳은 흑해의 중요한 항구가 있는 지역이었다. 그의 아버지는 지역의 유명한 환전상이었는데, 돈을 위조하다가 걸려 감옥에 갔혔고 이로써 디오게네스는 고향에서 쫓겨나게 되었다. 가문의 부와 명성이 한순간에 물거품이 되었지만, 디오게네스의 고난은 이것으로 끝이 아니었다.

아테네를 떠나 아이기나섬으로 향하던 그는 해적에게 붙잡혀 노예로 팔리게 되었다. 아무 걱정 없이 귀공자생활을 하던 디오게네스는 이제 자유조차 없는 노예의 신분이 된 것이다. 하지만 이러한 경험 덕분에 디오게네스만의 독특한 철학 사상이 탄생할 수 있었다.

그 옛날 맹자는 이런 말을 남겼다.

'하늘이 장차 어떤 사람에게 큰일을 맡기려고 하면 먼저 그 마음과 뜻을 흔들어 고통스럽게 하고, 뼈마다 꺾어지는 고난을 당

하게 하며, 그의 몸을 굶주리게 하고, 생활을 곤경에 빠뜨려 하는 일마다 어지럽게 한다.'

이 말인즉슨, 사람이 성공하기까지는 여러 고난의 과정을 겪는다는 뜻이다. 또 어느 때는 일련의 고난이 성공의 전제가 되기도 한다.

디오게네스는 이윽고 노예 경매장으로 끌려갔다. 그는 그곳에서 의관이 말끔한 한 남자를 보고 소리쳤다.

"나를 어서 이자에게 파시오. 이 사람에게는 주인이 필요한 것 같소!"

남자는 디오게네스를 집으로 데려갔고, 그의 능력이 생각보다 뛰어난 것을 발견하고는 집안의 경영을 맡겼다. 디오게네스의 친구는 그의 몸값을 대신 지불하고 그에게 자유를 되찾아주려고 했지만 디오게네스는 이를 거절했다.

"친구여, 사자는 그에게 밥을 먹여준다고 해서 누군가의 노예

가 되지 않는다네."

디오게네스는 나중에 자유를 되찾았지만, 오랜 떠돌이생활은 그에게 자신이 어떤 삶을 살고 싶은지 다시 한 번 생각하게 만들었다. 과연 부와 권력이 사람들을 행복하게 해줄 수 있을까? 그렇지 않다. 그는 이런 것들이 절대 행복을 가져다줄 수 없다고 생각했다. 디오게네스는 쥐 한 마리를 자세히 관찰하다가 자신이 어떤 삶을 추구해야 할지 깨달았다. 쥐는 배가 고프면 먹었고 졸리면 잤다. 쥐는 살아가는 동안 많은 물건이 필요하지 않았고 어떤 환경에 처하든 쉽게 적응했다.

디오게네스는 사람이 물질적인 욕망을 버리면 그것으로부터 속박을 당하지 않고 진정 자유로운 삶을 살 수 있다고 생각했다.

Lesson
2

이를 계기로 디오게네스는 방랑생활을 시작했다.

그는 빈 몸으로 사방을 유랑했고 심지어 죽은 사람을 묻는 커다란 항아리 같은 것에서 잠을 자기도 했다. 그가 지닌 것이라고는 망토 한 벌과 음식을 담을 작은 주머니 하나가 전부였다.

디오게네스의 행색은 누가 봐도 거지처럼 보였지만, 사람들은 곧 그가 평범한 사람이 아님을 간파했다. 디오게네스는 사회를 비판하려고 일부러 기이한 행동을 했는데, 가끔 밝은 대낮에 등불을 들고 거리를 다니면서 이렇게 묻곤 했다.

"나는 진실한 사람을 찾고 있소!"

그가 말하고 싶었던 것은 사회에 위선적인 사람이 너무 많아 진실한 인물은 좀처럼 찾을 수 없다는 사실이다.

디오게네스는 의식주, 종교적인 풍습, 사교 활동 등 모든 세속적인 생활을 일부러 멀리했다. 그는 권위에 대한 멸시를 노골적으로 드러내기도 했다.

한번은 플라톤이 강의에서 '사람은 털이 없고 두 다리가 있는 동물'이라고 정의했다. 디오게네스는 이 말을 듣고 털을 다 뽑은 닭을 한 마리 들고 강연장으로 가서 말했다.

"플라톤, 여기 당신이 말한 사람이 있소."

플라톤은 할 수 없이 이 문제를 다시 고민해야 했고, 사람에 대한 정의를 다음과 같이 바꿨다.

'털이 없고 두 다리가 있는 직립 동물.'

디오게네스는 이런 식으로 플라톤을 난처하게 한 적이 많았지만, 플라톤은 그를 이해했다. 누군가가 플라톤에게 디오게네스를 어떻게 생각하느냐고 물었을 때 그는 이렇게 대답했다.

"그는 마치 정신이 나간 소크라테스 같소."

디오게네스는 소크라테스와 마찬가지로 검소한 생활을 했고, 사회에 도전하는 것을 두려워하지 않았다. 게다가 두 사람 모두 타인의 조롱이나 공격을 개의치 않았다.

디오게네스는 말했다.

"당나귀도 분명 사람을 비웃지만, 사람이 당나귀의 비웃음을 개의치 않듯 나 역시 사람들의 비웃음을 개의치 않소."

하지만 두 사람에게는 다른 점도 있었다. 소크라테스는 사회에 대한 희망의 끈을 놓지 않았고 이에 끊임없이 진리를 추구했다. 그러나 디오게네스는 완전히 절망적이었기에 도피를 선택했다.

여기서 한번 생각해보자. 이처럼 사회에 아무런 희망도 품지 않고 도피를 선택한 디오게네스가 고대 그리스 철학사에 한 자리를 차지할 수 있었던 이유는 무엇일까? 오늘날 여전히 많은 사람이 그를 기억하고 존경하는 이유는 무엇일까?

Lesson 3

디오게네스와 관련된 한 가지 유명한 일화에 대해 알아보자. 바로 그와 알렉산드로스 대왕이 나눈 대화다. 그렇다. 아리스토텔레스의 제자인 그 유명한 알렉산드로스 대왕 말이다.

당시 디오게네스는 그의 독특한 행보로 그리스 내에 소문이 자자했다. 알렉산드로스 대왕은 그런 그에게 특별한 관심을 가졌고, 원정을 떠나는 길에 친히 디오게네스를 찾아갔다. 알렉산드로스 대왕은 햇볕 아래서 일광욕을 즐기고 있는 디오게네스를 보고 다가가 조용히 말을 걸었다.

"안녕하시오. 알렉산드로스라고 하오."

디오게네스는 일어날 생각도 하지 않고 대답했다.

"디오게네스요."

알렉산드로스 대왕이 말했다.

"내가 당신에게 해줄 수 있는 일이 있으면 얘기하시오."

디오게네스가 대답했다.

"한 가지 있소. 내 태양을 가로막지 말고 비켜주시오."

디오게네스는 알렉산드로스 대왕과 같은 권력자를 조금도 두려워하거나 부러워하지 않았다. 사실 그가 말한 '태양'은 그의 생애와 언행을 모두 종합해 그 의미를 생각해봐야 한다. 디오게네스는 가장 자연스러운 생활 방식을 택했고 부와 명예 등의 사회적 가치는 그에게 아무런 의미도 없는 것들이었다. 그는 영혼의 자유와 즐거움을 택했다. 그렇다면 그 순간 모든 것을 가진 알렉산드로스 대왕과 아무것도 없는 디오게네스 중 누가 더 자유롭다고 할 수 있을까? 이 문제는 결코 쉽게 대답할 수 있는 것이 아니다. 알렉산드로스 대왕조차 그와의 만남 이후 이렇게 말했기 때문이다.

"내가 알렉산드로스가 아니라면 디오게네스가 되었을 것이다."

디오게네스는 훗날 유명한 학파를 대표하는 인물이 되었는데, 이 학파의 이름은 바로 '키니코스학파'다.

'키니코스'의 창시자 안티스테네스는 '즐거운 개'라는 의미를 가진 키노사르게스 학당에서 주로 강연했기 때문에 키니코스학파라는 이름이 생겨났다. 디오게네스는 안티스테네스의 제자였지만, 훗날 그의 명성은 스승을 뛰어넘었고 키니코스학파를 대표하는 인물이 되었다.

'키니코스'는 '개'를 상징하는 단어였던 만큼 그들은 개처럼 생활하는 사람들이었다. 그들은 물질적인 풍요와 감각적인 쾌락을 포기해야만 진정한 자유와 행복을 누리거나 혹은 진정한 '선'을 찾을 수 있다고 생각했다.

고대 중국에서도 사회가 큰 혼란에 빠질 때마다 '키니코스'와 같은 사람들이 나타났다. 그들은 부와 명예가 사람을 타락시킨다고 생각했다. 그랬기에 깊은 산속으로 들어가 소박한 생활을 즐겼고 어떤 사람들은 디오게네스처럼 기괴한 행동으로 사회에 대한 불만을 표현하기도 했다. 이들과 키니코스들은 사회를 변화시키려 하지 않고 도피를 선택했다는 점에서 비슷하다.

중국의 역사를 이해하는 사람이라면 떠오르는 인물이 몇 명 있을 것이다. 위·진 시기 죽림칠현의 혜강(嵆康)이나 완적(阮籍) 같은 인물들은 방탕한 생활을 통해 당시의 고압 정치를 비판했다. 다만 다른 점이 있다면 이들은 모두 사회적 지위가 상당히 높은 사람들이었고 디오게네스처럼 떠돌이생활을 하지 않았다. 그러므로 이들이 느낀 내면의 고통은 디오게네스와 완전히 다른 것이었다.

디오게네스는 평생 자신의 철학 사상을 실천하며 살았던 인물이다. 나이가 들어 연로해지자 누군가가 말했다.

"이제 나이가 많이 들었으니, 그만 쉬어야 하지 않겠소?"

이에 디오게네스가 대답했다.

"지금 무슨 소리를 하는 거요? 내가 운동장에서 달리기 시합을 하고 있다면 결승점에 다다라서 멈추라고 말하겠소?"

비록 디오게네스의 일부 사상은 사회에 받아들여지지 않았지만, 그의 언행은 언제나 일치했다. 그런 그였기에 고대 그리스 사람들은 그를 존경했다. 디오게네스는 90세에 코린토스섬에서 생을 마감했다. 사람들은 디오게네스 동상을 세우고 이렇게 새겨놓았다.

'시간이 동상을 갉아 먹겠지만 디오게네스 그대의 영광은 영원하리라.'

많은 사람이 디오게네스와 같은 삶을 살지 않았고 그의 모든 학설에 동의한 것은 아니지만, 그는 여전히 존경받아 마땅한 인물이다. 공자는 누군가를 평가할 때 그의 말뿐만 아니라 행동을 자세히 관찰해야 한다고 말했다. 다시 말해 누군가를 평가할 때는 오랜 기간 그의 행동을 관찰한 뒤에 판단해야 한다는 의미다.

디오게네스는 '키니코스주의'를 전면적으로 확립한 인물이다. 당시 키니코스주의자들은 세속적인 부와 명예 그리고 사회 규범을 거부했다. 그래서 세상에 대한 분노로 가득 찬 냉소주의자들로 불렸다. 하지만 훗날 '키니코스주의자'라는 명칭은 다른 의미로 남용되기도 했다.

후대에 이르러 일부 키니코스주의자는 선조들이 내세운 의미를 곡해하여(혹은 일부러 바꿔서) 사용했다.

그들은 고상함이 없다면 비천함도 없다고 생각했고, 그 어떤 것에도 관심을 두지 않았다. 심지어 자유와 미덕을 추구하는 것조차 포기해버렸다.

후기 키니코스학파에 텔레스라는 인물이 있었는데, 그는 인생에서 중요한 건 아무것도 없으며 심지어 그의 아내와 아들이 죽어도 상관없다고 말했다. 텔레스는 어떤 부자에게 거액의 돈을 받은 적이 있는데, 그 일조차 대수롭지 않게 여겼다. 그는 이렇게 말했다.

"돈이란 중요하지 않은 것이므로 누군가에게 돈을 받아도 감사할 필요 없으며, 감사하다고 말하는 것은 돈을 중요하게 생각한다는 의미다."

이 말은 언뜻 일리가 있어 보이지만 사실 그렇지 않다.

돈이란 인생에서 아주 중요한 것이다. 디오게네스와 같은 인물들은 돈이 중요하지 않다고 한 것이 아니라 돈보다 더 가치 있는 것을 추구해야 한다고 생각했을 뿐이다. 그들은 거짓과 위선이 아닌, 진실한 아름다움을 찾으려고 노력했다. 하지만 텔레스 같은 인물들은 그렇지 않았다. 그들은 세상 모든 것이 거짓이고 도덕과 원칙도 존재하지 않는다고 생각했다. 그렇다면 그가 부자로부터 돈을 받은 이유도 다 핑계일 뿐이다. '공로가 없으면 봉록을 받지 않는다'는 옛말이 있다. 텔레스는 전형적으로 아무 공로도 없이 봉록을 받은 경우다. 아마 정상적 사고를 가진 사람이라면 이럴 때 불안감을 느낄 것이다. 백번 양보해서 돈을 받았다면 감사한 마음을 갖는 것이 인지상정이다. 그 상황에서 자신의 고상함으로 보여주려고 그런 말을 하는 것은 궤변일 뿐이다.

오늘날에도 스스로를 '키니코스'라고 칭하는 사람들이 있다. 하지만 그들은 단지 각종 사회 현상에 대해 냉소적인 태도를 보이는 사람들이다. 게다가 기본적인 원칙이나 도덕도 없이 개인적인 이익에 관한 문제에 '키니코스'라는 개념을 갖다 붙이는 경우가 많다.

그들은 사회적 약자가 부당한 대우를 받는 것을 보고 이렇게 말할 것이다.

"강자든 약자든 세상에 좋은 사람은 없어. 불쌍한 사람은 다 그럴 만한 이유가 있겠지. 그러니까 나는 아무도 도와주지 않을 거야."

하지만 이런 사람들은 자신이 부당한 대우를 받는다면 불공평

함을 호소하며 아무도 자신을 도와주지 않는 것에 분노할 터이다.

디오게네스가 자신이 이끌던 '키니코스주의'가 이렇게 변질된 사실을 알면 털이 다 뽑힌 닭을 들고 그들의 머리통을 후려치러 쫓아갈 것이다!

《 디오게네스 》

디오게네스는 부유한 집안에서 태어났지만 갑작스러운 변고로
말미암아 떠돌이생활을 하고 심지어 노예로 팔려 갔다. 이러한
경험 때문에 그는 냉소적인 태도를 가졌고 세속적인 모든 것을
멀리했다. 그러나 디오게네스의 태도는 언제나 진지했고 언행
이 일치했으며 평생 참된 진리를 추구했다. 그는 '키니코스학
파'를 이끈 대표적인 인물이다.

◆ 고대 그리스 철학 발전의 3단계

일반적으로 고대 그리스의 3대 철학가인 소크라테스, 플라톤, 아리스토텔레스가 이끄는 시대를 '고대 그리스 철학의 황금기'라고 부른다. 그들 이전의 철학을 '초기 고대 그리스 철학'이라고 부르고, 그들 이후의 철학을 '후기 고대 그리스 철학'이라고 부른다.

◆ 키니코스주의

키니코스학파는 창시자 안티스테네스가 키노사르게스 학당에서 강연하면서 키니코스라는 이름이 붙게 되었다. 키니코스주의는 보편적인 선을 인생의 목표로 삼았고, 이를 위해서는 물질적인 풍요와 감각의 즐거움을 포기해야 한다고 주장했다. 초기 키니코스주의자들은 세상에 대하여 냉소적인 태도를 보였지만, 선을 추구하는 태도는 진지했다. 하지만 후기에 이르러서는 선을 추구하는 진지한 태도는 사라지고 냉소적인 태도만 남게 되었다. 또 현대에 이르러서는 키니코스주의를 자신의 이익을 위한 핑계로 이용하는 사람들도 생겨났다.

14

에피쿠로스

• 진정한 쾌락이란 무엇인가? •

눈 깜짝할 새 벌써 14장에 이르렀다. 지금까지 살펴본 것들 중 어떤 철학가의 사상이 가장 인상 깊은가?

역사의 발전 단계를 고려할 때 우리의 철학가 이야기는 이제 '헬레니즘 시대'에 접어들었다.

'헬레니즘'이란 무엇일까?

앞에서도 잠깐 설명했듯이 알렉산드로스 대왕의 마케도니아 왕국 궐기 이후 고대 그리스 도시 국가의 정치와 사회질서는 큰 충격을 받았고 계속되는 전쟁으로 말미암아 사람들의 평온했던 삶도 점점 피폐해졌다. 또 한편으로는 고대 그리스 문화와 기타 문화 간의 교류가 늘어났고 플라톤, 아리스토텔레스와 동시대를 살던 디오게네스 같은 철학가들은 냉소적인 태도로 세상을 바라보기 시작했다.

이제 철학가들은 우주의 질서나 국가의 앞날에 관심을 갖기보다는 사람의 마음에 대해 더 명확히 알고 싶어 했고, 과연 이 혼란스러운 세상에서 어떻게 하면 진정한 행복에 이를 수 있을까를 깊이 고민했다.

이 시기에 두 개의 영향력 있는 학파가 탄생했는데, 바로 에피쿠로스학파와 스토아학파다. 두 학파는 각자 많은 사람의 지지를 받았고 서로 첨예하게 대립했다.

이 장에서는 먼저 에피쿠로스학파의 창시자인 에피쿠로스에 대해 알아보자.

Lesson
1

먼저 '행복지수'에 대해 생각해보자.

여러 매체를 통해 행복지수라는 말을 자주 들어봤을 것이다.

행복에 영향을 주는 요인으로는 교육 수준, 수입, 생활의 쾌적함, 인간관계 등이 있다고 한다. 그렇다면 행복지수는 수학 공식처럼 계산할 수 있는 걸까? 어떻게 하면 행복해질 수 있을까?

2000년 전 에피쿠로스도 이 문제에 대해 고민했다.

에피쿠로스는 '쾌락은 행복한 삶의 근원이자 목적'이라고 말했다. 그런데 그는 이 말 한마디 때문에 여러 해 동안 사람들로부터 오해를 받았고 심지어 인신공격까지 당했다.

에피쿠로스는 그리스의 식민지 사모스섬에서 태어났다. 그의 부모는 모두 아테네 출신으로, 교사인 아버지와 무속인인 어머니와 함께 평범한 어린 시절을 보냈다. 에피쿠로스는 18세 되던 해에 아테네로 갔지만 마케도니아 사람들에 의해 다시 사모스섬으로 쫓겨났다. 이후 가족들과 함께 소아시아 지역으로 건너갔다. 그는 30세가 넘어서야 아테네로 돌아왔고 정원을 하나 사서 학교를 지었다. 에피쿠로스의 학설은 많은 사람의 관심을 받았다. 그의 추종자들은 대부분 사회 하층민들이었는데, 심지어 노예와 매춘부도 있었다. 에피쿠로스는 이러한 사람들과 좋은 관계를 유지했다.

하지만 그를 반대하는 사람들은 이러한 점을 꼬집어 비판했다. 그들은 에피쿠로스가 방탕한 생활을 즐기고 매춘부들과 가깝게 지낸다고 떠들었다. 키케로는 에피쿠로스의 학설이 욕망을 무절제하게 따르도록 가르치고 있다고 말했다. 또 다른 철학가 세네카는 그의 저서에서 에피쿠로스학파는 일종의 '무감각한 평온'을 추구한다고 말하면서 그의 정원에서는 아무것도 하지 않고 먹고 즐기기만 한다고 비판했다.

훗날 프랑스의 철학가 몽테스키외는 그의 저서 《로마인의 흥망성쇠 원인론》에서 에피쿠로스의 철학은 고대 그리스와 고대 로마의 위대한 문명에 독이 되었고 그 죄는 절대 작지 않다고 했다. 무엇보다 에피쿠로스의 학설은 먹고 마시는 것만을 강조한 '돼지 철학'이라고 비판했다.

사실 에피쿠로스 무리는 굉장히 소박한 생활을 했다. 그들의 주식은 물과 빵이었는데, 에피쿠로스는 이러한 생활에 크게 만족했다. 그는 포도주를 겨우 조금 즐길 줄 알았고 가난한 시절에는 콩만 먹고 살기도 했다. 그는 돈이 많지 않았을뿐더러 유흥을 좋아하지도 않았다. 에피쿠로스의 제자들은 그가 작은 것에도 만족할 줄 아는 사람이라고 말했다.

독일의 철학가 헤겔은 에피쿠로스에 대해 이렇게 말했다.

"아무 생각도 없이 방탕한 생활에 빠져 향락을 즐기는 사람은 에피쿠로스의 제자라고 할 수 없다."

다시 말해 에피쿠로스를 비판한 사람들은 그의 학설을 제멋대로 왜곡한 셈이다.

그렇다면 과연 에피쿠로스의 진정한 관점은 무엇이었을까?

Lesson 2

에피쿠로스는 쾌락을 추구했지만, 쾌락의 근원에 더욱 주목했다.

에피쿠로스는 디오게네스처럼 감각의 쾌락을 배척하지는 않았지만, 쾌락이 육체적 감각에 국한되지 않는다고 강조했다. 그는, 진정한 쾌락은 정신적으로 느끼는 아주 미세한 감각인데 이것은 내면의 평온함에서 비롯된다고 말했다.

에피쿠로스는 정신적인 즐거움이 더 오래 지속되는 쾌락을 느끼게 해준다고 생각했다. 맛있는 음식을 먹을 때 느끼는 쾌락은 짧다. 하지만 좋은 책을 읽고, 아름다운 음악을 감상하고, 친구와 교류하고, 철학을 연구하는 일 등은 정신적으로 꽤 오래 쾌락을 느끼게 해준다. 혹시 이와 비슷한 경험을 한 적 있는가? 어떤 일이 너무 즐거워서 시간 가는 줄도 모르고 근심 걱정도 모두 잊은 채 푹 빠져 있던 경험 말이다.

하지만 내면의 근심 걱정은 언젠가 돌아오게 되어 있고, 그러면 진정한 의미의 행복을 얻었다고 말할 수 없다.

에피쿠로스는 이렇게 말했다.

"쾌락은 육체나 마음의 고통이 없는 것이다."

우리의 몸과 마음은 언제나 균형을 유지해야 하고 격렬한 파동을 피해야 한다. 신체의 균형은 규칙적인 생활을 통해 얻을 수 있고, 정신의 균형은 이성과 지혜를 통해 얻을 수 있다. 에피쿠로스는 사람이 신체의 고통을 피하는 것은 어렵지만 정신은 스스로 통제할 수 있으므로 고통을 멀리할 수 있다고 생각했다.

하지만 이것이 말처럼 쉬운 일은 아니다.

중국의 문학가 소식(蘇軾)의 시에는 이런 구절이 있다.

'사람에게는 기쁨과 슬픔이 있고, 달에는 어둡고 밝고 차고 이

지러짐이 있으니, 이 일은 예로부터 온전하기 어렵다.'

사람에게 기쁨과 슬픔이 있는 것은 주관적인 요소가 들어 있지만, 달이 어둡고 밝고 차고 이지러지는 것은 객관적인 자연 현상이므로 피할 수 없다. 에피쿠로스는 바로 후자에 대한 인류의 두려움을 없애주고 싶어 했다.

고대 그리스인들은 자연재해를 신이 내리는 것으로 믿었다. 그래서 늘 신을 화나게 할까 봐 전전긍긍했다. 에피쿠로스는 사람들이 이런 불필요한 걱정에서 벗어날 수 있도록 설득했다. 그는 사람들이 자연의 본질을 이해하지 못하기 때문에 시인들이 만들어낸 신화를 믿는 것이라고 생각했다. 에피쿠로스는 사람들에게 신은 분명 존재하지만, 그들은 인간 세상의 재앙과는 무관하다고 선언했다.

에피쿠로스는 다음과 같은 논리관계를 이용해 이 문제를 검증했다.

세상에 나쁜 사람이 존재한다는 사실을 신이 모른다면 그것은 신이 모든 걸 알고 있지 않다는 의미이고, 세상에 나쁜 사람이 존재한다는 사실을 알면서도 그를 제거하지 못한다면 신은 전능하지 않다는 의미이다. 그리고 세상에 나쁜 사람이 존재한다는 사실을 알면서도 그를 제거하려고 하지 않는다면 신은 언제나 바른 존재가 아니라는 의미다. 전지, 전능, 전선은 신의 3대속성이다. 이 말인즉슨, 신은 인류의 일에 관여하지 않으며 천재지변이나 액운은 신이 내리는 것이 아니라는 뜻이다. 그렇다면 무엇이 두렵다는 말인가?

또한 에피쿠로스는 사람들이 죽음을 두려워하는 이유는 죽음에 대해 무지하고 사후 세계에 대해 모르기 때문이라고 생각했다. 그는, 사람은 감각을 통해 이 세상을 느끼는데 살아 있을 때는 죽음이 존재하지 않으므로 죽음을 느끼지 못하고, 죽은 다음에는 감각이 없으므로 죽음을 느끼지 못한다고 말했다. 그리고 이렇게 결론을 내렸다.

'사람은 어떻게든 죽음을 느끼지 못하므로 두려워할 필요 없다.'

에피쿠로스는 이러한 논리로 사람들이 걱정하고 두려워하는 문제들을 해결해줬다.

누군가가 에피쿠로스의 쾌락주의 학설을 이렇게 정리했다.

'신은 두려워할 필요 없고, 죽음은 걱정할 필요 없다. 고난은 견디기 쉽고 즐거움은 찾기 쉽다.'

이 말은 '신과 죽음을 두려워할 필요 없고 사람이 고통을 느끼지 않으면 최고의 행복을 느낄 수 있다'는 의미로 해석할 수 있다. 에피쿠로스는 이런 생각을 했고 그대로 실천했다. 그는 유서에 인생의 마지막 순간을 이렇게 묘사했다.

'빈뇨와 위장병의 고통은 이루 말할 수 없는 정도에 이르렀지만, 열렬히 철학을 토론했던 기억을 되새기면서 모든 고통을 이길 수 있었고 내 마음은 즐거웠다.'

에피쿠로스는 무척 시적인 표현을 하기도 했다.

'자유란 자기만족으로 만들어진 가장 아름다운 열매다.'

이 말은 어떻게 이해할 수 있을까? 사람이 마음의 즐거움을 얻었다면 그 사람은 정신적 자유를 얻은 것이고, 이때는 그 어떤 고난이나 고통도 그의 행복을 방해할 수 없다는 의미로 이해하면 어떨까?

이제 혼란의 시기에 왜 그토록 많은 사람이 에피쿠로스를 따랐는지 이해되는가?

Lesson 3

그럼 현대인들은 에피쿠로스의 학설을 어떻게 이해하면 좋을까?

다음의 이야기를 살펴보자.

한 여행자가 해변에 앉아 햇볕을 쬐고 있는 어부를 만났다. 여행자가 어부에게 물었다.

"아직 날이 밝은데 왜 물고기를 잡으러 가지 않는 거요?"

어부가 대답했다.

"이미 잡았소. 오늘은 그 정도면 충분하오."

여행자가 다시 말했다.

"물고기를 더 많이 잡아 팔면 좋은 배를 살 수 있을 테고 더 많은 돈을 벌어 회사를 차리거나 수산가공업에 투자를 할 수 있을 거요. 그러면 금방 부자가 될 수 있을 텐데!"

어부가 담담하게 물었다.

"부자가 된 다음에는 무얼 하란 말이오?"

여행자가 말했다.

"그러면 바닷가로 휴가를 가서 한가롭게 햇볕을 쬘 수 있을 거요."

어부가 큰 소리로 웃으며 말했다.

"하하하! 내가 지금 해변에 앉아 한가롭게 햇볕을 쬐고 있는 모습이 보이지 않소?"

이 이야기는 인생의 근본적 목표가 무엇인지에 관해 생각하게 해준다. 또 목표를 실현하는 수단을 목표 그 자체로 착각해서는 안 된다고 일러주고 있다. 이야기 속의 어부는 아마도 에피쿠로스의 제자였을 것이다. 어부는 정신적인 세계의 평온함이 우선이었고 내면의 즐거움을 얻음으로써 진정한 행복을 얻었다.

하지만 모든 일은 긍정적인 면과 부정적인 면을 모두 봐야 한다. 물론 어부는 자신이 원하는 삶을 선택할 권리가 있지만, 모든 사람이 어부처럼 생각한다면 사회는 발전할 수 없다. 에피쿠로스의 제자들은 사회에 반대하지 않았지만, 사회에 참여할 생각은 없었다. 에피쿠로스는 디오게네스처럼 주변 환경에 의지하지 않아도 되는 은둔생활을 즐겼고 부와 명예, 권력 등의 영향을 받지 않음으로써 정신적 자유를 얻었다.

마르크스는 일찍이 에피쿠로스의 철학에 큰 관심을 보였는데, 그를 '고대 그리스의 위대한 계몽 사상가'라고 극찬했다. 하지만 그는 에피쿠로스가 말한 행복에 만족하지 못했다. 마르크스는 〈직업 선택을 앞둔 젊은이의 고찰〉이라는 글에서 이렇게 언급했다.

'인류의 행복을 위해 일하는 직업을 선택한다면 아무리 무거운 책임도 우리를 쓰러뜨리지 못한다. 우리의 행복은 수천만 사람과 함께할 것이고, 우리의 사업은 묵묵히 그리고 영원히 힘을 발휘할 것이다.'

마르크스는, 개인의 행복은 마음의 자유뿐만 아니라 인류의 행복과도 밀접한 관련이 있어야 한다고 생각했다. 사회로 나가 그 속에서 자신의 가치를 찾을 수 있다면 그 행복은 훨씬 더 오래갈 것이다.

이런 말이 있다.

'당신이 세월의 평온함을 즐길 때 누군가는 무거운 짐을 이고 앞으로 나아가고 있음을 잊지 말라.'

에피쿠로스의 학설은 정확하게 이해하고 또 진심으로 이해할 필요가 있다.

우리는 적극적으로 공부하고 생활하며 앞으로의 인생에 대비하면서 때로는 바쁜 발걸음을 잠시 멈추고 내면의 즐거움과 행복에 대해서도 생각해봐야 한다.

《 에피쿠로스 》

고대 그리스 철학가로, 무신론자이며 에피쿠로스학파의 창시
자이다. 그는 그 어떤 것으로부터도 간섭받지 않는 평온한 상태
에 도달하는 정신적 쾌락을 추구했다.

◆ **헬레니즘 시대의 철학**

알렉산드로스 대왕의 마케도니아 왕국 궐기 이후 고대 그리스 도시 국가의 정치와 사회질서는 큰 충격을 받았고 계속되는 전쟁으로 말미암아 사람들의 평온했던 삶도 점점 피폐해졌다. 또 한편으로는 고대 그리스 문화와 기타 문화 간의 교류가 늘어났고 플라톤, 아리스토텔레스와 동시대를 살던 디오게네스 같은 철학가들은 냉소적인 태도로 세상을 바라보기 시작했다.

이제 철학가들은 우주의 질서나 국가의 앞날에 관심을 갖기보다는 사람의 마음에 대해 더 명확히 알고 싶어 했고, 과연 이 혼란스러운 세상에서 어떻게 하면 진정한 행복을 찾을 수 있을까를 깊이 고민했다.

◆ 쾌락주의

에피쿠로스는, 삶의 행복은 쾌락으로부터 오고 정신적인 쾌락
이 육체적인 쾌락보다 중요하다고 생각했다. 몸과 마음의 고통
이 없는 상태가 곧 쾌락이고, 이러한 쾌락을 통해 정신적 자유
를 얻을 수 있다.

◆ 쾌락주의의 정과 반

우리는 적극적으로 공부하고 생활하며 앞날에 대비해야 한다.
그러면서 때로는 바쁜 발걸음을 잠시 멈추고 내면의 즐거움과
행복에 대해서도 생각해봐야 한다.

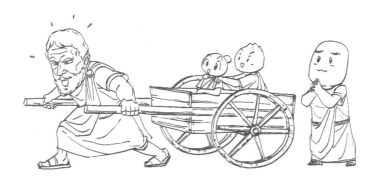

15

또 다른 제논

• 자신의 욕망을 절제하라 •

앞 장에서 잠시 언급했듯이 에피쿠로스학파에 맞서는 또 하나의 학파가 있었으니, 바로 스토아학파다.

이 장에서는 스토아학파의 창시자에 대해 살펴볼 것이다. 그가 에피쿠로스학파에 맞섰다고 해서 어떤 비열한 일을 저지른 것은 아니다. 오히려 그는 도덕적으로 아주 절제된 삶을 살아서 많은 사람의 존경을 받았다.

그의 이름은 바로 제논이다.

아니, 잠깐만! 제논이라면 소크라테스 이전에 등장했던 철학가 아닌가? 역설을 제시했던 그 인물 아니던가?

하하하. 사실 이 둘은 동명이인이다. 이 장에 등장하는 스토아학파의 제논은 앞에서 살펴본 제논과 같은 이름을 쓰는 인물인데, 이런 경우 서양에서는 주로 출생지로 두 사람을 구분한다. 그래서 역설을 제시했던 제논은 '엘레아의 제논'이라고 부르고, 헬레니즘 시대의 제논은 '키프로스의 제논'이라고 부른다.

Lesson 1

　이 두 제논의 출생지를 보면 고대 그리스 철학의 변천사를 알 수 있다.

　엘레아는 현재 이탈리아 남부에 있는 지역으로, 당시에는 고대 그리스의 도시 국가 중 하나였다. 그래서 엘레아의 제논은 그리스 사람이다. 한편 키프로스는 지중해 동부의 위치한 섬으로, 유럽과 아시아의 경계에 있는 지역이다. 이 키프로스의 제논은 페니키아 사람이다. 페니키아인들은 아주 오래된 민족으로, 지중해 동부 일대에 문명이 매우 발달한 국가를 건립했다. 그러다가 알렉산드로스 대왕 이후 페니키아인들은 오랫동안 그리스, 로

마의 통치를 받았고 훗날 그들의 문명은 역사 속으로 사라졌다.

키프로스의 제논이 고대 그리스의 중요한 철학가가 될 수 있었던 이유는 헬레니즘 시대에 활발한 문화 교류가 이루어졌기 때문이다. 고대 그리스 문화가 동방으로 전파될 때 중동뿐만 아니라 인도 문화 역시 그리스에 많은 영향을 미쳤다. 키프로스의 제논 사상은 아테네에서 출발했지만, 그의 철학 사상에는 동양 사상의 색채도 강하게 묻어난다.

그리스인들 눈에 키프로스의 제논은 전형적인 '외지인'으로 보였다. 그는 깡마른 몸에 종아리는 짧고 굵어서 전체적으로 몸의 균형이 맞지 않아 보였고 고개는 늘 삐딱해서 어딘가 아픈 사람처럼 보였다. 참고로 당시 그리스인들은 건강미를 진정한 미의 기준으로 생각했다.

그런 외지인이 과연 아테네에서 철학가로 인정받을 수 있을까? 키프로스의 제논은 그것을 해냈다.

Lesson
2

제논의 가족들은 다른 페니키아인들처럼 항해와 무역에 종사했는데, 그의 아버지는 상인이었다. 제논은 22세 되던 해에 배를

타고 페니키아에서부터 그리스 동남쪽 항구에 위치한 피레아스 항구까지 항해를 떠났는데, 가는 도중 해난사고를 당해 육지에 오르게 되었다. 그곳이 바로 아테네였고, 거기에서 제논은 인생의 새로운 전환점을 맞이했다.

제논은 우연히 서점에 들어가 크세노폰의 《소크라테스 회고록》 2권을 들춰봤다. 이 책은 크세노폰과 스승인 소크라테스의 학설을 기록해놓은 것이었다. 제논은 소크라테스의 덕행과 언변에 크게 감동했다. 그는 곧장 사람들에게 어디로 가면 소크라테스와 같은 인물을 만날 수 있는지 물었다. 그때 마침 키니코스학파의 철학가 크라테스가 옆에 있었고, 서점 주인은 그를 가리키며 제논에게 말했다.

"저 사람을 따라가면 됩니다."

그렇게 해서 제논은 크라테스의 제자가 되었다.

이러한 내용으로 미루어보면 제논의 검소하고 소박한 생활은 소크라테스와 키니코스학파의 영향을 받은 것으로 짐작된다.

검소하고 절제된 생활로 치면 고대 그리스에서 아무도 제논을 따라올 자가 없었다. 오죽하면 '제논보다 더 궁색하다'는 표현이 있었을까. 제논은 언제나 낡은 옷을 입고 먹을 것에 크게 연연하지 않았다. 제논이 가장 좋아하는 음식은 빵과 꿀 그리고 초록 무화과였는데, 여기에 약간의 포도주를 곁들인다면 그에게는 훌륭한 만찬이었다.

그뿐만 아니라 제논은 소크라테스와 디오게네스 못지않은 도덕적 명성을 자랑했다. 제논은 언제나 단정한 품행을 유지했고 불필요한 사교 활동은 피했으며 규모가 큰 모임에는 참석한 적이 거의 없었다. 아테네의 많은 젊은이가 그를 스승으로 모시고 싶어 했는데, 마케도니아의 국왕 또한 아테네를 방문할 때마다 그의 강연을 들으러 찾아왔다. 아테네 사람들은 금고 열쇠를 그에게 보관해달라고 부탁하기도 했는데, 이는 사람들이 얼마나 그를 존경하고 신뢰했는지를 보여준다. 사람들은 제논을 위해 동상을 세우고 그의 생전에 기념비를 제작하기도 했다.

쾌락을 추구한 에피쿠로스는 정원에 자신의 학교를 설립했다. 한편 엄숙하고 진지한 제논은 학생들을 가르치던 장소도 장엄

했다. 그는 주로 원기둥으로 둘러싸인 강당에서 강연했는데, 강당 벽면에는 예술가 폴리크노토스가 그린 벽화로 채워져 있었다. 고대 그리스에서는 강당을 '스토아(stoa)'라고 불렀는데, 이곳에 모여 철학을 연구하던 학파를 '스토아학파'라고 부르기 시작했다.

Lesson 3

제논은 에피쿠로스가 주장한 '쾌락주의'에 반대했다. 그는, 에피쿠로스의 학설은 젊은이들이 스스로 자신의 책임을 포기해버리도록 유도한다고 비판했다. 그러나 이 둘은 생각보다 비슷한 점도 많았다. 두 사람은 모두 '자연스러운 삶'을 추구했고 검소하게 생활하며 정신적인 삶의 중요성을 강조했다. 하지만 그럼에도 두 사람의 철학 사상은 첨예하게 대립했다. 한 사람은 쾌락을 강조하고, 다른 한 사람은 자신의 욕망을 절제해야 한다고 주장했으니까.

제논은, 감각은 신뢰할 수 없고 삶의 의미는 쾌락을 누리는 것에 있지 않다고 생각했다. 게다가 감정의 동요는 때때로 이성을 잃게 만들기 때문에 자신의 감정을 제어할 수 있어야 한다고 말

했다. 사람들은 이런 그의 학설을 '금욕주의'라고 불렀다.

서양에는 '스토아식 냉정함'이라는 표현이 있는데, 이는 감정적으로 일 처리를 하지 않는 사람을 가리키는 말이다.

그럼 제논은 사람이 어떻게 하면 행복해질 수 있다고 말했을까?

제논은 덕행을 통해 행복해질 수 있다고 주장했다. 그는 덕행이야말로 인생에서 가장 중요한 것이고 부와 명예, 건강은 그다음이라고 말했다. 덕행을 실천하는 사람은 아무리 가난해도 품격을 잃지 않고, 도덕이 있는 사람은 죽더라도 그의 덕행에는 변함이 없다.

이러한 점에서 보면 스토아학파의 관점은 '도덕'을 강조한 중국의 유가 학설과 비슷하다.

'공자가 말하길, 덕행이 높은 사람은 올바른 도리를 동경하고 도량이 좁고 간사한 인간은 땅만 생각한다.'

'맹자가 말하길, 부귀도 어지럽히지 못하고 가난과 천대에도 끄덕 안 하고 위세와 무력에도 굴복하지 않아야 대장부다.'

이렇듯 여러 국가에서 여러 시대에 걸쳐 도덕의 중요성을 강조해왔다. 그렇다면 제논의 학설은 어떤 점에서 특별할까?

Lesson 4

먼저 다음 질문에 대한 답을 생각해보자.

'내면의 도덕성은 어디에서 비롯되는 것일까? 선생님이나 부모님께서 가르쳐주는 것일까? 아니면 본래 내 안에 있는 것일까?'

'사람이 도덕적인 규범을 따르는 이유는 무엇일까? 다른 사람에게 칭찬을 듣고 싶어서일까? 다른 사람도 나처럼 행동하기를 바라는 마음에서일까? 단순히 그렇게 하고 싶어서일까?'

'우리는 진정한 선과 진정한 악을 어떻게 구분할 수 있을까?'

이러한 질문에 동서고금을 막론하고 많은 사람이 자신의 의견을 내놓았지만, 어떤 대답도 완벽한 정답이라고 말하기란 어렵다. 제논 역시 도덕에 대한 자신의 견해를 내놓았는데, 그의 견해는 이후 수백 년 동안 철학과 종교의 발전에 큰 영향을 미쳤다.

제논은 소크라테스를 무척 존경했다. 소크라테스는 사형 판결에도 굳건했고 비겁하게 도망치지 않았다. 인생에 어떤 고난이 닥쳐도 소크라테스 내면의 도덕적 원칙은 흔들리지 않았다.

그런데 제논이 말하는 도덕은 소크라테스가 지키려던 도덕과 조금 다른 개념이다. 소크라테스가 사형 판결을 받아들인 것은 아테네의 민주 정치에 여전히 희망을 품고 있었고, 도시 국가의 도덕을 지키고 싶었기 때문이다. 그러나 헬레니즘 시기 사람들은 도시 국가의 법률이 더 이상 정의와 평등을 보호하지 못한다고 생각했다. 그러면 세상에 영원히 변하지 않는 것은 무엇일까?

그것은 우주 그리고 자연이었다.

제논은, 우주 안에는 만사 만물을 설명할 수 있는 보편적인 원칙이 존재한다고 믿었다. 이게 바로 헤라클레이토스가 말한 '로고스'다.

일찍이 피타고라스가 살던 시대부터 철학가들의 시선은 서서히 자연계에서 '사람'으로 이동하기 시작했다. 그런데 왜 키프로스의 제논은 다시 '자연'에 주목한 것일까? 제논은 헤라클레이토스와는 다른 이유로 자연에 주목했다. 헤라클레이토스가 우주의 본질과 규칙을 이해하기 위해 자연을 탐구했다면, 제논의 진정한 목적은 사람을 이해하기 위해서였다. 그는 사람에게서도 자연의 법칙을 찾을 수 있다고 말했다. 사람의 이성은 로고스의 일부분이다. 사람은 이성을 통해 진리를 인식할 수 있고, 이성을 통해 우주의 자연적인 법칙을 따를 수도 있다. 제논은 이것이 바로 도덕이라고 말했다.

그럼 이러한 도덕은 어떻게 실현하는 걸까? 제논은 자연과 하나 되고 자신의 마음과 하나 된 상태를 유지하면 가능하다고 말했다. 제논은 도덕을 '마음과 이성의 조화'라고 표현했다. 이러한 조화를 자아실현이라고 부르는데, 이것은 회피할 수 없는 개인의 책임이라고 강조했다.

동양의 여러 사상에서도 마음과 자연의 조화를 강조한다. 제논이 중화 문명을 접해봤을 리 없겠지만, 그의 사상은 중국 고대의 사상과 일치하는 부분이 많다. '도덕'이라는 단어를 살펴볼 때 노자는 '도'란 세상에서 가장 높은 원칙이고, '덕'이란 만물이 타고난 자연의 법칙이며, 덕행 역시 사람이 타고난 자연의 법칙이라고 말했다. 노자의 학설이 훗날 도가 이론의 근거가 되었듯, 제논의 학설도 제법 종교적인 색채를 띠고 있다. 제논은 신, 자연, 운명, 마음을 모두 하나로 봤다. 그는 종교를 믿는 의미는 신께 제사를 지내는 의식에 있기보다는 신과 하나 되는 그 마음에 있다고 생각했다.

제논이 창시한 스토아학파는 로마 제국 시대까지 영향력을 미쳤다. 후기 스토아학파의 대표적 인물로는 로마 제국의 황제 마르쿠스 아우렐리우스가 있다. 프랑스 철학가 몽테스키외는 스토아학파에 대해 이렇게 말했다.

"스토아학파는 좋은 시민을 양성했고 위대한 인물을 배출했으며 위대한 제왕을 탄생시켰다."

그러나 로마 제국 시대에 이르러 고대 그리스 철학은 예전만큼 빛을 보지 못했다. 기원전 393년 로마 황제 테오도시우스 1세는 가톨릭을 로마 제국의 국교로 선포했다. 이후 로마 교황청이 탄생함에 따라 유럽은 중세 시대로 접어들었다. 그렇게 고대 서양 철학의 황금기는 막을 내렸다.

(키프로스의 제논)

스토아학파를 창시한 제논과 역설을 제시한 제논은 동명이인
이다. 그래서 사람들은 두 사람을 출생지로 구분했다. 즉 고전
시기의 제논은 '엘레아의 제논'으로, 헬레니즘 시기의 제논은
'키프로스의 제논'으로 불렀다.

◆ 검소한 제논

검소하고 절제된 생활로 치면 고대 그리스에서 아무도 제논을 따라올 자가 없었다. 오죽하면 '제논보다 더 궁색하다'는 표현이 있었을까. 제논은 언제나 낡은 옷을 입고 먹을 것에 크게 연연하지 않았다. 제논이 가장 좋아하는 음식은 빵과 꿀 그리고 초록 무화과였는데, 여기에 약간의 포도주를 곁들인다면 그에게는 훌륭한 만찬이었다.

◆ **제논의 도덕**

제논은, 삶의 의미는 쾌락이 아닌 도덕에 있으며 도덕은 사람에게 있는 자연의 법칙에서 비롯된다고 생각했다. 사람은 자연과 하나 됨으로써 도덕을 실현할 수 있다. 제논은 도덕을 '마음과 이성의 조화'라고 표현했다.

◆ 덕에 관하여

노자는 '도'란 세상에서 가장 높은 원칙이고, '덕'이란 만물이 타고난 자연의 법칙이며, 덕행 역시 사람이 타고난 자연의 법칙이라고 말했다.

공자가 말하길, 덕행이 높은 사람은 올바른 도리를 동경하고, 도량이 좁고 간사한 인간은 땅만 생각한다.

맹자가 말하길, 부귀도 어지럽히지 못하고 가난과 천대에도 끄덕 안 하고 위세와 무력에도 굴복하지 않아야 대장부다.

사람은 이성을 통해 진리를 인식할 수 있고, 이성을 통해 우주의 자연적인 법칙을 따를 수도 있다. 제논은 이것이 바로 도덕이라고 말했다.

10MINUTE A DAY PHILOSOPHY LESSON

매일 10분
철학 수업

매일 10분 철학 수업

1판 1쇄 인쇄 2022년 3월 29일
1판 1쇄 발행 2022년 4월 5일

지은이 | 장웨이 · 셴원졔
옮긴이 | 이지수
펴낸이 | 최윤하
펴낸곳 | 정민미디어
주 소 | (151-834) 서울시 관악구 행운동 1666-45, F
전 화 | 02-888-0991
팩 스 | 02-871-0995
이메일 | pceo@daum.net
홈페이지 | www.hyuneum.com
편 집 | 미토스
표지디자인 | 강희연
본문디자인 | 디자인 [연;우]

ⓒ 정민미디어

ISBN 979-11-91669-27-5 (03100)